CATALOGUE
D'OUVRAGES D'OCCASION
PRINCIPALEMENT SUR LA
RÉVOLUTION FRANÇAISE
ET LE
PREMIER EMPIRE

SOLDES

ERNEST FLAMMARION & A. VAILLANT

Galeries de l'Odéon, 1 à 9, et 4, rue Rotrou.

A partir de 25 fr., tous les envois sont adressés franco dans toute la France.

Nous avons à la disposition de notre clientèle un grand assortiment de Livres français et étrangers, Musique, Papeterie. Maroquinerie, Articles de dessin et de Bureau, et nous nous chargeons de procurer tous les ouvrages des éditeurs parisiens **avec des remises importantes,** *ainsi que tous les articles dont nos clients pourraient avoir besoin.*

ACHAT DE BIBLIOTHÈQUES

NOTRE CATALOGUE SERA ENVOYÉ FRANCO A TOUTE PERSONNE NOUS EN FAISANT LA DEMANDE

OUVRAGES RÉCEMMENT PARUS

Agenda du chimiste, édition de 1898. 1 vol. in-16, cart. percaline, 2 fr. 50. net 2 fr. 25

AICARD (Jean). **L'âme d'un enfant, roman.** 1 vol. in-12, 3 fr. 50. . . . . . net 2 fr. 75

Jean Aicard nous fait assister au développement de la vie psychique d'un enfant. C'est, à proprement parler, le roman même de l'enfance et de l'adolescence captive des lycées. Les sentiments et les sensations d'un enfant ; les réflexions et les raisonnements qui se font dans un jeune cerveau à propos des faits de la vie journalière et des coutumes sociales, sont rendus avec une délicatesse exquise dans cette œuvre d'une haute portée philosophique et morale.

ANNUNZIO (Gabriel D'). **La ville morte, tragédie moderne en 5 actes.** 1 br., in-12, 2 fr. net . . . . 1 fr. 75

ARRÉAT (Lucien). **Les croyances de demain.** 1 vol. in-12, 2 fr. 50. . . . . . net 2 fr. 25

AUBERT (G.). **L'Afrique du Sud. Colonie du Cap-Natal-Orange-Transwaal-Rhodesia-Mozambique.** 1 vol. in-8, illustré, 7 fr. 50. net . . . . 6 fr. 50

Ce livre sera le vade-mecum de toute personne s'intéressant à l'Afrique du Sud. Il devient indispensable à tous les industriels, commerçants, voyageurs, marins, agriculteurs, etc., que le champ merveilleux de ces pays attire.

BARBEY d'AUREVILLY. **Les Œuvres et les hommes, portraits politiques et littéraires.** 1 vol. in-8. 7 fr. 50. . . . . . net 6 fr. 50

BELLAMY (Edouard). **Looking backwards, en l'an 2000,** traduit de l'anglais, par Mme Poynter Redfern. 1 vol. in-18, 3 fr. 50 net . . . . 2 fr. 75

BERTRAND (Alexis). **L'enseignement intégral.** 1 vol. in-8, 5 fr. . . . . net 4 fr. 50

BERTRAND (Louis). **La fin du classicisme et le retour à l'antique, dans la seconde moitié du dix-huitième siècle et les premières années du dix-neuvième en France.** 1 vol. in-12, 3 fr. 50. . . . . net 2 fr. 75

BIRÉ. **Journal d'un bourgeois de Paris, pendant la Terreur. Tome V. La chute de Robespierre (10 avril-28 juillet 1794)** 1 vol. in-18, 3 fr. 50 . . . . net 2 fr. 75

BOIS (Maurice). **Napoléon Bonaparte, lieutenant d'artillerie à Auxonne.** 1 vol. in-12, 3 fr. 50 . . . . net 2 fr. 75

BONNEFON (Paul). **Montaigne et ses amis. La Boétie. — Charron. — Mlle de Gournay.** 2 vol. in-12, 7 francs. . . . . . net 6 fr.

BONNEVILLE DE MARSANGY (Louis). **Le comte de Vergennes, son ambassade en Suède, 1771-1774.** 1 vol. in-8, 7 fr. 50 net . . . . 6 fr. 50

BOSQ (Paul). **Nos chers Souverains. — Les Opportunistes. — Les Radicaux. — La Droite. La Concentration. — Le dernier Bateau,** illustré de croquis et charges de Léandre. 1 vol. in-12, 3 fr. 50. net 2 fr. 75

BOUKAY (Maurice). **Chansons rouges.** 1 vol. in-12, 3 fr. 50. . . . . net 2 fr. 75

Chansons d'hier, d'aujourd'hui et de demain; de demain, surtout; chansons, non point politiques, mais philosophiques et sociales; chansons humanitaires, chansons d'amour, de souffrance et d'espoir, où chacune des classes de la société moderne, où chacun des artisans de la cité future exprime, en son langage, son idéal, sa douleur et ses vœux : telles apparaîtront au grand public ces chansons vraiment nouvelles par le fond et par la forme, puissantes d'ironie et attendries d'humanité, et qui, réunies en un volume d'art original, seront demain aussi populaires que les *Stances à Manon*.

BOURGET (Paul). **Deuxième amour.** 1 vol. (Collection Lemerre illustrée) 2 francs net . . . . 1 fr. 75

BOUTET (Henri). **Autour d'elles.** — Le Coucher. 18 aquarelles reproduites, 1 album in-4, 10 francs. . . . . . . net 8 fr. 75

Campagnes d'Afrique, 1835-1848, lettres adressées au maréchal de Castellane par les maréchaux Bugeaud, Clauzel, Valée, Canrobert, Forey, Bosquet et les généraux Changarnier, de Lamoricière, Le Flo, de Negrier, de Wimpfen, Cler, etc. 1 vol in-8, 7 fr. 50. net . . . . 6 fr. 50

CHOPPIN (Capitaine). **Souvenirs d'un cavalier du second empire.** 1 vol. in-12, 3 fr. 50. net . . . . 2 fr. 75

CHUQUET (A.). **La jeunesse de Napoléon.** Brienne. 1 vol. in-8, avec 3 planches hors texte. 7 fr. 50. net . . . . 6 fr. 50

CIM (Albert). **Jeunes amours, roman.** 1 vol. in-12, 3 fr. 50 . . . . net 2 fr. 75

La gloire et l'argent, l'idéal, la poésie en lutte avec la prosaïque réalité, tel est le sujet de ce livre, à la fois fraîche idylle et drame des plus poignants.

CLEMENCEAU (G.). **Les plus forts, roman contemporain.** 1 vol. in-12, 3 fr. 50. net . . . . 2 fr. 75

CONTE (Ed.). **Charles Sauvageon.** 1 vol. in-12, 3 fr. 50 . . . . net 2 fr. 75

C'est la confession d'une vie. Un homme s'y raconte jusqu'à sa vingt-cinquième année.

Il dévoile le mauvais comme le bon. Il met à nu la famille, le collège, le monde universitaire, les mœurs de la petite ville où il a grandi, les mystères de sa puberté, les enfantillages de son premier amour, ses incertitudes de carrière, ses illusions, ses déceptions, ses angoisses matérielles et morales.

Il vous fait assister à la formation de son caractère, aux premiers froissements de sa sensibilité. Il dit ses aspirations et il dit ses remords.

Journaliste en province, jeté dans la politique, il trace un pittoresque tableau de la comédie électorale.

COURTELINE (G.). **Les gaietés de l'escadron**, illustrations en couleurs d'Albert Guillaume. 1 vol. in-12, 3 fr. 50. net 2 fr. 75

Cette nouvelle édition se distingue des précédentes par une illustration en couleurs des plus abondantes et des plus comiques d'Albert Guillaume. Les dessins qui accompagnent le texte soulignent les exubérantes drôleries de ce livre qui avait obtenu jusqu'ici tant de succès, et sur lequel la nouvelle forme que vient de lui donner son éditeur va attirer l'attention du public amateur de franche et spirituelle gaîté.

Dans l'ombre du harem, roman. 1 vol. in-12. 3 fr. 50 . . . . net 2 fr. 75

DAUDET (Ernest). **Le duc d'Aumale 1822-1897.** 1 vol. in-8, avec deux portraits 7 fr. 50 net . . . . 6 fr. 50

DEBIDOUR. **Histoire des rapports de l'Eglise et de l'Etat en France de 1789 à 1870.** 1 vol. in-8, 12 francs . . . . net 10 fr. 50

DIDON (le P.). **L'éducation présente, discours à la jeunesse.** 1 vol. in-8, 3 fr. 50 net . . . . 2 fr. 75

DOMBRE (Roger). **Les demoiselles Danaïdes, roman pour jeunes filles.** 1 vol. in-12, 3 fr 50 . . . . net 2 fr. 75

DONNAY (Maurice). **L'affranchie, comédie en 3 actes.** 1 vol. in-8 3 fr. 50 . net 2 fr. 75

DONOS (Ch.). **Verlaine intime**, rédigé d'après les documents recueillis sur le roi des poètes, par Léon Vanier, illustré d'après les dessins et manuscrits de P. Verlaine. 1 vol. in-12, 3 fr. 50. . . . . net 2 fr. 75

DOUAY (Maurice). **Jeanne d'Arc, libératrice de la France, au Tsar Nicolas II.** Poésies. 1 broch. in-8, 1 fr. . . . . net 0 fr. 90

ESPARBÈS (G. D'). **Les derniers lys.** 1 vol. in-12, 3 fr. 50. . . . . net 2 fr. 75

FABRE (Gustave). **La vigne et le vin, propos recueillis par une vieille pie, illustrés par Testevuide.** 1 vol. in 8, 6 fr. . . . net 5 fr. 25

Ouvrage artistique, amusant et instructif qui a sa place dans toutes les bibliothèques, en un pays où le vin fut toujours en honneur.

FORGUES. **Lettres inédites de Lamennais à Montalembert.** 1 vol. in-8, 7 fr. 50, net . . . . 6 fr. 50

GESCHICHTS-ATLAS Gotha Justus Perthes. 1 vol. petit in-8, cartonné toile, composé de 24 cartes en couleur. . . . . . net 3 fr.

GIRODON. **Exposé de la doctrine catholique**, introd. par Mgr d'Hulst. 1 vol. in-8, 5 fr. net . . . . 4 fr. 50

GODEFROY CAVAIGNAC. **La formation de la Prusse contemporaine.** Tome II. Le ministère de Hardenberg. Le soulèvement 1808-1813. 1 vol. in-8, 7 fr. 50. . . . . . net 6 fr. 50

GORON. **Mémoires.** Tome IV et dernier. 1 vol. in-18, 3 fr. 50. . . . . . net 2 fr. 75

Ces souvenirs sont passionnants comme un roman, on chercherait en vain une lecture plus empoignante et plus dramatique. Tous les grands crimes qui ont défrayé la chronique judiciaire, il y a quelques années, y sont racontés et reconstitués avec une émouvante précision ; le dernier volume est consacré à la *Police de l'Avenir*. Ce livre arrive à un moment où il semble jeter une lumière sur les événements actuels : on y trouve des révélations très curieuses sur les agents provocateurs et les indicateurs.

Nous trouvons aussi dans ce dernier volume plusieurs chapitres des plus intéressants : la journée d'un chef de la Sûreté ; les indicateurs, la police et les anarchistes ; les cadavres anonymes.

GROSCLAUDE. **Les potins de partout** 1 vol. in-18, 3 fr. 50. . . . . net 2 fr. 75

GUITRY (Commandant). **L'armée de Bonaparte en Egypte, 1798-1799.** 1 vol. in-8. rel. souple, 6 francs . . . . net 5 fr. 25

GYP. **Israël.** 1 vol. in-12, 3 fr. 50. net . . . . 2 fr. 75

GYP. **Sportmanomanie.** 1 vol. in-18, 3 fr. 50. net . . . . 2 fr. 75

HAUTFORT. **Au pays des palmes.** Biskra. 1 vol. in-18, illustré, 3 francs. . net 2 fr. 50

HESS (Jean). **L'âme nègre.** 1 vol. in-18, 3 fr. 50. . . . . net 2 fr. 75

HOURST (Lieutenant de vaisseau). **Sur le Niger et au pays des Touaregs.** — La mission Hourst. 1 vol. in-8, illustré, 10 francs. net . . . . 8 fr. 75

HUGO (Victor). **Correspondance 1836-1882.** 1 vol. in-8, 7 fr. 50. . . . . net 6 fr. 50

HUYSMANS (J. K.). **La Cathédrale, roman inédit.** 1 vol. in-12, 3 fr. 50. . net 2 fr. 75

KISTEMAECKERS (Henry). **L'illégitime roman d'une femme.** 1 v. in-12, 3.50, net 2 fr. 75

C'est au milieu d'un drame d'amour d'intensité poignante, un cri de pitié pour la femme jetée hors le mariage par les embûches de la vie et les nobles faiblesses de cœur. Des silhouettes féminines le traversent, hardies ou touchantes, silhouettes de sacrifice ou de révolte, plantées avec une rare sûreté d'observation dans des milieux parisiens dont le mystère est étrangement pénétré par l'auteur.

LANCRENON. **De la Seine au Volga.** 1 vol. in-18, 10 francs. . . . . . net 8 fr. 75

LANO (Pierre de). **Du cœur aux sens.** 1 vol. in-12, 3 fr. 50. . . . . net 2 fr. 75

L'auteur y expose avec esprit des théories ingénieuses sur les relations du cœur et les intimités sensuelles entre époux ou entre amants.

Tous les amoureux ne partageront sans doute pas les opinions de M. Pierre de Lano, mais tous voudront les connaître pour les discuter et en faire leur profit.

Quant aux maris, ils agiront sagement en ne permettant pas à leurs femmes la lecture de certains chapitres qui sont plutôt écrits pour être lus entre hommes.

LARROUMET (G.). **Racine.** 1 vol. in-12 avec portrait, 2 francs . . . . net 1 fr. 75

LEBLANC (Maurice). **Voici des ailes,** roman, dessins de L. Métivet. 1 vol. in-12, 3 fr. 50 net . . . . 2 fr. 75

LEBON (André). **Cent ans d'histoire intérieure 1789-1895.** 1 vol. in-12, 4 fr. net. 3 fr. 50

LECOMTE (Maxime). **Les ralliés,** histoire d'un parti 1 vol. in-18, 3 fr. 50. net 2 fr. 75

LEMERCIER (E.) **Autour du moulin,** chansons de la Butte, avec musique. 1 vol. in-18, 3 fr. 50 . . . . net 2 fr. 75

C'est de la chanson bien française, alerte, spirituelle, ne reculant devant le mot leste, mais sentimentale quand il faut et où l'on sent les battements du cœur sous la gaieté des rimes. Dans ces chansons, Lemercier a exploré tous les genres, donné toutes les notes depuis celle du rire franc et sonore jusqu'à celle de l'ironie souvent cruelle

LEMONNIER (Camille). **La vie secrète.** 1 vol. in-18, 3 fr. 50 . . . . . net 2 fr. 75

Les gaietés de l'armée, par Richard Cross-Country. 1 vol. in-12, 1 fr. 50. net 1 fr. 35

L'auteur traite avec finesse des sujets parfois scabreux, il se considérera comme largement récompensé de son travail par les souvenirs discrets que provoquera certainement la lecture de son volume.

LESUEUR (Daniel). **Lèvres closes,** roman. 1 vol. in-12, 3 fr. 50. . . . net 2 fr. 75

LICHTENBERGER. **La philosophie de Nietzsche.** 1 vol. in-12, 2 fr. 50 net 2 fr. 25

L'Œuvre de Zola, interprété par Lebourgeois, artiste peintre, 16 fac-similés d'aquarelles humoristiques. gr. in-8, 3 fr. 50. net . . . . 2 fr. 75

Le même, 2e série, 3 fr. 50. net 2 fr. 75

MAEL (Pierre). **Marc et Lucienne.** 2 vol. in-12, 7 francs. . . . . net 5 fr. 50

MAIZEROY (René). **Des baisers, du sang.** 1 vol. in-12, 3 fr. 50. . . . . . net 2 fr. 75

MARBOT (général, baron de). **Mémoires.** Tome 1er Gênes, Austerlitz, Eylau. Tome II, Madrid, Essling, Torrès-Vedras. Tome III, Polotsk, la Bérésina, Leipzig, Waterloo. Nouvelle édition 3 vol. in-12, chaque volume 3 fr. 50 . . . . net 2 fr. 75

MARET (Henry). **Le tour du monde politique.** La Justice. 1 vol. in-12. 3 fr. 50. net . . . . 2 fr. 75

MARGUERITTE (Paul et Victor). **Le Désastre,** Metz, 1870. 1 vol. in-18, 3 fr. 50. net 2 fr. 75

MARNI (J.). **Fiacres.** 1 vol. in-12, couverture de Duez. 3 fr. 50. . . net 2 fr. 75

MÉRAT (Albert). **Poésies** (1866 1873). 1 vol. avec portrait (Petite bibliothèque littéraire), 6 francs. . . . . net 5 fr. 25

MICHELET. **Histoire de la Révolution française,** tome II (Edition définitive). 1 vol. in-8, 7 fr. 50. . . . . net 6 fr. 50

MIRBEAU (Octave). **Les mauvais bergers,** pièce en 5 actes. 1 vol. in-12, 2 francs. net . . . . 1 fr. 75

MORIN (Louis). **Carnavals parisiens.** — Bals des quat-z-arts. — Vache enragée. — Bal du Courrier. — Bœuf gras. — Cortèges des étudiants. — Cortèges du Moulin-Rouge, 170 illustrations de l'auteur en noir et en couleurs. 1 vol. in-12, 3 fr. 50. . . net 2 fr. 75

MONTEGUT (Maurice). **Rue des Martyrs,** roman parisien. 1 vol. in-12, 3 fr. 50 net . . . . 2 fr. 75

MONTOYA (G.). **Le roman comique du chat noir.** 1 vol. in-18, couverture de Léandre 3 fr. 50 . . . . net 2 fr. 75

MUSSET (A. de). **Lorenzaccio,** mis à la scène par A. d'Artois. 1 vol. in-8, 3 fr. 50. net . . . . 2 fr. 75

NACLA (Vicomtesse). **Dictionnaire du savoir-vivre.** 1 vol in-32 raisin 3 fr. 50. net . . . . 2 fr. 75

PARDIELLAN (de). **Mémoires d'un vieux déserteur,** aventures de Steininger, soldat piémontais, wurtembergeois, autrichien et prussien de 1780 à 1791. Caporal-tambour au service de la France de 1791 à 1814. Tambour-major et invalide wurtembergeois de 1815 à 1841. 1 vol. in-12 avec portrait, 3 fr. 50, net . . . . 2 fr. 75

PAUL-DUBOIS. **Essai sur les finances communales.** 1 vol. in-12, 3 fr. 50. net. 2 fr. 75

PERRODIL (Ed. de). **Les briseurs de chaînes.** 1 vol. in-12. 3 fr. 50 . . . net 2 fr. 75

Cette fois, ce n'est pas dans des pays neufs et quasi-inexplorés à bicyclette que l'auteur nous emmène. C'est tout bonnement de Paris à Milan avec un fort crochet par Marseille et la Côte-d'Azur. Mais cette traversée à bicyclette d'un pays des plus civilisés, n'est pas moins curieuse par les réflexions qu'elle provoque dans le cerveau d'un homme capable à la fois de cycler sur un aussi long parcours et de penser sur la route.

PETIT de JULLEVILLE. **Histoire de la langue et de la littérature française des origines à 1900.** Tome V. Dix-septième siècle (2me partie 1661-1700). 1 vol. in-8, 16 francs. net . . . . 14 fr.

PORTO-RICHE (G. de). **Le passé,** comédie en 5 actes. 1 vol. in-12, 3 fr. 50. net 2 fr. 75

POTEZ. (Henri). **L'élégie en France,** avant le romantisme (de Parny à Lamartine) 1778-1820. 1 vol. in-12, 3 fr. 50. . . net 2 fr. 75

PREVOST (Marcel). **Trois nouvelles.** Nimba. Le mariage de Julienne. Le moulin de Nazareth. 1 vol. in-18, 3 fr. 50. . . net 2 fr. 75

PROUDHON. **Napoléon Ier,** manuscrits inédits et lettre du général Brialmont, publ. par Cl. Rochel. 1 vol. in-12, 3 fr. 50. net . . . . 2 fr. 75

RABUSSON (Henri). **Le cahier bleu d'un petit jeune homme** 1 vol. in-18 3 fr. 50 net . . . . 2 fr. 75

RENARD (Georges). **Le régime socialiste,** principes de son organisation politique et économique. 1 vol. in-12, 2 fr. 50 net 2 fr. 25

REYMOND. (Marcel). **Les Della Robbia.** 1 vol. in-8, cartonné toile et orné de plus de 180 gravures . . . . net 45 fr.,

RICHEBOURG (Emile). **Cœurs de femmes,** suite et fin des martyrs du mariage. 1 vol. in-12, 3 fr. 50. . . . . net 2 fr. 75

RICHEBOURG (Emile). **Les martyrs du mariage.** 1 vol. in-18, 3 fr. 50 . . net 2 fr. 75

ROD (Ed.). **Essai sur Gœthe.** 1 vol. in-16, 3 fr. 50. . . . . net 2 fr. 75

ROSTAND (Edmond). **Cyrano de Bergerac,** comédie en 5 actes et en vers. 1 vol. in-18, 3 fr. 50. . . . . net 2 fr. 75

ROUAIX. **Dictionnaire manuel illustré des idées suggérées par les mots.** 1 vol. in-18 relié toile, tranches rouges 6 fr. net 5 fr. 25

SALES (Pierre). **Mariquita.** 1 vol. in-12, 3 fr. 50. . . . . net 2 fr. 75

De tous côtés on se demande si c'est de la célèbre danseuse américaine que Pierre Sales raconte les passionnantes aventures dans son nouveau volume, ou de la mine d'or qui a provoqué, récemment, au Transvaal, cette fameuse *Course aux millions*, dont tout Paris a suivi les péripéties avec un si prodigieux intérêt?...

Peut-être de toutes les deux?...

SALES (Pierre). **La course aux millions.** 1 vol. in-12, 3 fr. 50. . . . . net 2 fr. 75

Ah! quelle saine façon d'envisager la vie, chez le brillant

romancier qui, pour connaître admirablement les dessous de la vie parisienne et les décrire de la plume la plus finement ironique, n'en célèbre pas moins le courage, l'héroïsme, le dévouement et l'*amour*, bien moins rares qu'on ne se l'imagine, mais qui ont pris une nouvelle physionomie, que personne ne dépeint mieux que celui qu'on a surnommé « l'historien de la jeune fille moderne ! »

SANSREFUS (G.). **De Paris à Tiflis.** 1 vol. gr. in-8, illustré, 10 fr. . . . net 8 fr. 75

SAGERET. **L'orchidée**, roman inédit, 1 vol. in-12, 3 fr. 50. . . . . net 2 fr. 75

SILVESTRE (A.) **Contes de derrière les fagots.** 1 vol. in-18, illustré, 2 fr. net 1 fr. 75

SOREL (Albert). **Nouveaux** essais d'histoire et de critique. 1 vol. in-12, 3 fr. 50 net . . . . 2 fr. 75

Souvenirs du général comte Fleury. Tome II et dernier (1859-1867). 1 vol. in-8, avec portrait 7 fr. 50. . . . . net 6 fr. 50

STAPFER (Paul). **La grande prédication** chrétienne en France. Bossuet-Adolphe Monod. 1 vol. in-8, 7 fr. 50. . . . . . net 6 fr. 50

SUMMER (Mme Mary). **Quelques salons de** Paris au XVIIIe siècle. 1 vol. in-8, (avec portraits) 7 fr. 50. . . . . . net 6 fr. 50

SUPINO. **Beato** Angelico, traduction de M. de Crozals. 1 vol. in-8, cart. toile ; illustré de nombreuses reproductions. . net 12 fr.

THEURIET (André). **Pages choisies.** 1 vol. in-12, 3 fr. 50. . . . . net 2 fr. 75

THEURIET (André). **Le refuge,** roman. 1 vol. in-12, 3 fr. 50. . . . . . net 2 fr. 75

THOREL (Jean). **Devant** le bonheur, roman. 1 vol. in-12, 3 fr. 50. . . . . . net 2 fr. 75

C'est un roman d'amour, d'un intérêt soutenu, d'un charme, d'une poésie et d'une délicatesse extrêmes. Par les moyens les plus simples, l'auteur sait atteindre à une émotion profonde. Enfin, — chose rare — le livre est écrit dans le style limpide et pur de la grande tradition littéraire. C'est une œuvre qui fait le plus grand honneur au jeune écrivain, et que nous recommandons en toute confiance à tous nos lecteurs.

TREVILLE (Olivier de). Cœur de poète, roman. 1 vol. in-12, illustré par J. Girard. 3 fr. 50. . . . . net 2 fr. 75

VIGIER (le comte). **Davout,** maréchal d'empire, duc d'Auerstaedt, prince d'Eckmühl, 1770-1823, introduction par F. Masson. 2 vol. gr. in-8, portraits, 15 francs. net 13 fr.

VIOLLET (Paul). **Histoire** des institutions politiques et administratives de la France. tome II. Période française. Moyen-âge (Royauté-Eglise-Noblesse). 1 vol. in-8, 8 francs. net. . . . . 7 fr.

Tome I. Période gauloise. — Période gallo-romaine. — Période franque. 1 vol. in-8, 8 francs . . . . net 7 fr.

VULPIAN DE MOUSSY. **Miguel** d'Oléa, roman. 1 vol. in-12, 3 fr. 50. . . net 2 fr. 75

ZOLA (Emile). **Paris.** 1 vol. in-12, 3 fr. 50. net. . . . . net 2 fr. 75

ZYROMSKI (Ernest). **Lamartine,** poète lyrique. 1 vol in-12, 3 fr. 50. net 2 fr. 75

CIM (Albert). **Institutions** de demoiselles, 1 vol. in-12, 3 fr. 50, net. . . . . . 2 fr. 75

Un récent scandale dont la presse s'est émue, donne un grand intérêt d'actualité à ce livre qui a obtenu naguère un si retentissant succès.

GRAND-CARTERET. **L'Affaire** Dreyfus et l'Image. 1 volume in-12, illustré de 266 caricatures françaises et **étrangères.** 3 fr. 50, net. . . . . 2 fr. 75

LÉVY (Jules). Les Gosses de Paris. 1 vol. in-18, Couverture de Gerbault, 3 fr. 50, net, 2 fr. 75

C'est de la bonne et franche gaîté que l'on trouve en feuilletant ce volume de dialogues bien parisiens. Ce sont des études prises sur le vif, toutes de bonne humeur.

« *Nouveautés* » MUSIQUE « *Nouveautés* »

MESSAGER	**Les petites Michu,** opérette	Piano et chant	12 »	*Net* 9 »
PLANQUETTE	**Mam'zelle Quatre Sous.** opéra-comique	—	12 »	— 9 »
VARNEY	**Les Demoiselles des Saint-Cyriens,** opérette	—	12 »	— 9 »
G. PIERNÉ	**L'An Mil,** poème symphonique	—	10 »	— 7.50
MASSENET	**Sapho,** opéra	—	20 »	— 15 »
AUTEURS DIVERS	**21 Chansons d'Aïeules** (illustrées)	—	10 »	— 8.55
— —	**15 Chansons de France** — (format oblong)	—	5 »	— 3.70
VARNEY	**Valse du noble Etranger**	Piano seul		— 1.55
VASSEUR	**Got et Got,** polka	—		— 1.20
BOSC	**Marche des petits Pierrots**	—		— 1.25

DETAILLE, par Marius VACHON

Splendide ouvrage imprimé avec luxe sur papier vélin, orné de plus de 200 gravures dans le texte ; reproductions de dessins et croquis. 24 planches hors texte en héliogravure, reproductions sous la direction du maître de ses principaux tableaux.

Un volume grand in-4° broché. Net. . . . **36** fr. **75**

Par suite d'affaires spéciales, nous pouvons encore fournir à notre clientèle cet ouvrage au prix de souscription qui a depuis été porté à 60 fr.

L'ARMÉE FRANÇAISE, types et uniformes de 1790 à nos jours

PAR

ÉDOUARD DETAILLE

Texte par **JULES RICHARD**

Deux magnifiques volumes in-folio en feuilles renfermés dans 16 cartons. Illustrés de 60 **gravures** hors texte, en fac-similé d'aquarelles et plus de 280 planches en photogravure dans le texte sur papier vélin.

Au lieu de 800 fr., net. . . . . . **400** fr.

OUVRAGES en SOLDE

ADELINE. Hippolyte Bellangé et son œuvre. 1 vol. in-8, broché, illustré de nombreuses gravures et de planches hors texte. 20 fr. net . . . . 8 fr.

L'œuvre de ce peintre militaire est du plus grand intérêt non seulement par le talent pittoresque, mais par l'esprit tout français qu'il a mis dans ses compositions et dans les légendes amusantes ou philosophiques qui les accompagnent. L'ouvrage contient des catalogues illustrés de peintures, dessins, aquarelles et lithographies, de Bellangé.

AVENEL (Paul). **Le Dr Hatt**, roman. 1 vol. in-12. 3 fr. 50 . . . . net 1 fr.

BLONDEAUX (Constant). *Le christianisme, sa valeur morale et sociale*. Développement historique et intellectuel; Jésus, l'Eglise. *Un volume in-8, broché. Au lieu de 7 fr. 50*. . . . . net 1 fr. 75.

BŒNS (Dr). **L'Art de vivre**. Traité complet d'hygiène et de médecine à l'usage des gens du monde. (1894.) 1 vol. in-8 broché, de 500 pages. 4 fr. . . . . .net 1 fr. 75.

En écrivant ce livre à l'usage du monde, l'auteur a voulu mettre à la portée de tous un guide sûr, afin de pouvoir, sans hésitation et sans incertitude, sauvegarder leur santé.

BRILLAT-SAVARIN **Physiologie du goût**, dédié aux gastronomes parisiens, notice par Alphonse Karr, 1 splendide vol. in 8, orné de plus de 200 dessins de Bertall gravés sur bois et de 7 gravures sur acier tirées sur papier de chine et hors texte. 15 fr. . . . net 7 fr.50.

Le même, en jolie reliure d'amateur, 20 fr. net . . . . 11 fr.

BRIERRE DE BOISMOMT. **Du suicide et de la folie du suicide**. Des causes du suicide. Analyse des derniers sentiments exprimés par les suicidés dans leurs écrits. Symptomatologie du suicide des aliénés. De la nature du suicide. Du suicide dans ses rapports avec la civilisation. Distribution des suicides par régions, modes, époques. Traitement du suicide. Médecine légale. *Un volume in-8, broché. Au lieu de 7 fr*. . . . . net 2 fr. 25.

BRUNET. **Traité d'escrime**, pointe et contre-pointe, de l'escrime à l'épée ou à la pointe, de l'escrime au sabre ou à la contre-pointe. *Un volume in-18 cartonné, illustré de 27 planches inédites*. Au lieu de 7 fr. net . . . . 3 fr 50.

CAMUSET. (Georges). **Les Sonnets du Docteur**. Nouvelle édition contenant 1 eau forte de Rops, préface de A. Silvestre, superbe impression avec encadrements rouges. 1 vol. in-8, broché, tiré à petit nombre, net . . . . 4 fr. 75.

L'auteur, médecin et poète, doué d'un goût littéraire très fin, a fourni ces pièces finement ciselées et d'un tour exquis, notamment le Cataplasme, Ecchymomisme, les Bandes, la Langue fumée, Constipation, etc., etc., et le plus apprécié de tous, le Homard à la Coppée.

Cantiques d'Amour. 12 superbes planches de M. Neumont, préface de A. Houssaye, poésies de A. Dumas, A. Silvestre, C. Mendès, J. Richepin, A. Theuriet, P. Arène, R. Maizeroy, Desparbès, A. Dorchain, J. Aicard, E. Boucher, R. de Montesquiou, 1 album in-folio sur papier du Japon tiré à petit nombre. 15 fr. . . . . .net 3 fr. 50.

CANTU (César). **Histoire universelle**. 20 volumes in-8, brochés. Au lieu de 114 fr. net . . . . 35 fr.

Le même ouvrage, bonne reliure de bibliothèque. *Au lieu de 150 fr. . . . net 60 fr.*

Cet excellent ouvrage, dont la réputation n'est plus à faire, a surtout le mérite d'avoir été conçu sur un plan tout à fait nouveau ; il ne se borne pas aux guerres et aux révolutions, il pénètre dans la vie intérieure de chaque nation ; il en étudie les mœurs, la législation, la littérature, les croyances, les opinions.

CARDONNE (C. de). **L'empereur Alexandre II**, vingt-six ans de règne. 1855-1881. 1 fort vol. gr. in-8, broché de 868 pages, orné d'un portrait. Au lieu de 20 fr. . . net 3 fr. 75.

CATULLE MENDES. *La Légende du Parnasse contemporain*. 1 vol. in-18, broché. (Bruxelles, 1884) 3 fr. 50. . . . net 1 fr. 75

CHRISTIAN. **Histoire de la magie, du mond. surnaturel et de la fatalité à travers les tempe et les peuples**. Les portes du monde surnatus rel. Les mystères des pyramides. Les oracle- antiques, les sibylles et les sorts. La magis depuis l'ère chrétienne jusqu'au Moyen âgee Curiosité des sciences surnaturelles. Théori. générale de l'horoscope, etc. 1 vol. gr. in-8e de 666 pages. *Au lieu de* 20 fr. . net 7 fr.,

CLAVEL. **Critique et conséquence des principes de 1789**. Doctrine, caractère de la société. Vie collective. De la loi politique. Vie sociale. *1 volume in-12, broché. Au lieu de 3, fr. . . . . net* 0. fr. 50.

COLLE (Charles). **Journal et Mémoires** sur les hommes de lettres, les ouvrages dramatiques et les évènements mémorables du règne de Louis XV. Nouvelle édition augmentée de fragments inédits, avec une introduction et des notes par H. Bonhomme, 3 vol. in-8, brochés. Au lieu de 18 fr. . . . .net 11 fr.

Collection Hurtrel

Les Amours de Catherine de Bourbon, sœur du roi, et du comte de Soissons, par A. Hurtrel. 1 vol. in-18, impression de luxe ; nombreuses gravures dans le texte et planches hors texte. Jolie reliure d'amateur. Au lieu de 35 fr. . . . . net 6 fr. 50.

Le premier grenadier de France (*La Tour d'Auvergne*), par *Paul Déroulède*, nombreux dessins et planches de Detaille, Ferdinandus, Lemercier, etc. 1 vol. in-18, broché. Au lieu de 30 fr. . . . . net 3 fr. 75.

Le même ouvrage en jolie reliure d'amateur Au lieu de 35 fr. . . . . . . net 6 fr. 50.

Le même ouvrage broché sur papier de Hollande. Au lieu de 50 fr. . . . net 10 fr.

La Grande Diablerie, poème du xve siècle, par *E. d'Amerval*, dessins en plusieurs couleurs et eaux-fortes d'Avril. 1 vol. in-16, broché. Au lieu de 30 fr. . . .net 3 fr. 75.

Le même ouvrage, élégante reliure. Au lieu de 35 fr. . . . . net 6 fr. 50.

Madame Roland, sa détention à Ste-Pélagie (1793), racontée par elle-même. 1 vol. in-16, broché orné d'un portrait à l'eau-forte et de nombreux dessins dans le texte, par Poirson. Au lieu de 30 fr. . . . . . . .net 3 fr. 75

Le même ouvrage, jolie reliure d'amateur. Au lieu de 35 fr. . . . . . . net 6 fr. 50.

Le même ouvrage broché sur papier de Hollande ou de Chine. . . . . . net 10 fr.

Les aventures romanesques d'un comte d'Artois, d'après un manuscrit de la Bibliothèque nationale. Charmant volume contenant de superbes chromolithographies et quantité de gravures en noir. 1 vol. in-16, belle reliure d'amateur. Au lieu de35 fr. . . .net 6 fr. 50

La collection des 5 vol. brochés enfermés chacun dans un emboîtage et réunis dans une gaine . . . . net 25 fr.

Oscar COMETTANT. **Histoire d'un inventeur au XIXe siècle.** *Adolphe Sax*, ses ouvrages et ses luttes. 1 vol. in-8, broché. Au lieu de 6 f.. . . . . net 1 fr. 75

Adolphe Sax, par les services qu'il a rendus à l'art musical, par les luttes qu'il a eu à soutenir pour mettre à jour ses découvertes et par les récompenses dont il a été l'objet de la part des nations industrielles, s'élève à la hauteur d'un événement social.

SÉBASTIEN COMMISSAIRE (**Ancien représentant du peuple**). Mémoires et souvenirs. Mon enfance — Journées de novembre 1831 et avril 1834 — Le parti républicain à Lyon sous le règne de Louis-Philippe — Les élections à Strasbourg, 13 mai 1849 — Le 13 juin 1849 à Paris — Prison d'Etat de Doullens — Belle-Isle-en-Mer et Corte — Le parti républicain à Lyon sous le règne de Napoléon III — Le 4 septembre à Paris — Les châteaux de St-Cloud et Meudon — La Commune à Paris 1871 — Du socialisme — Conclusion. 2 vol. in-12. brochés. Au lieu de 6 fr. net 3 fr. 50

Contes de l'Archer, par Armand Silvestre. 1 vol. **Voyage de Paris à St-Cloud par mer et retour de St-Cloud à Paris par terre. 1 vol. Contes chinois;** *La matrone du pays de Soung — Les deux jumelles. 1 vol.*

Ces beaux ouvrages, Collection Lahure, format in-8, imprimés avec luxe sur beau papier vélin teinté sont illustrés de quantité de gravures dans le texte et de 80 magnifiques aquarelles hors texte. Tirage à petit nombre sur vélin teinté. *Les 3 vol. au lieu de 75 fr net* **14** fr. **50**

ATHANASE COQUEREL fils. **Libres études.** *Religion. Critique. Histoire. Beaux-arts et voyages.* Histoire d'une rue de Paris. De la réformation. Vie et mort du marquis Wolf. Gang Schuch. Précis de l'histoire de la Judée. Bunsen. Augustin du Fossé. Les moralistes français et Prévost-Paradol. Béranger. L'œuvre de P. Delaroche. Course de taureaux à Madrid. La fête-Dieu à Valence et à Munich. L'Angleterre et le caractère anglais. Un dimanche à Edimbourg. La statue de Voltaire. *Un volume in-8, broché. Au lieu de 5 fr. net* **1** *fr.* 75

COQUEREL. **La conscience** et la foi, 1 vol. in-18, broché, 3 fr. 30. . . . . net 0 fr. 75

DANGEAU (Marquis de). Journal de 1684 à 1720, publié en entier pour la première fois, par E. Soulié, L. Dussieux et de Chennevières, avec les additions inédites du duc de Saint-Simon, publiées par Feuillet de Conches, 19 vol. in-8, brochés. Au lieu de 114 fr. net . . . . 45 fr.

DAUX. **L'Industrie humaine**, ses origines, ses premiers essais, ses légendes, depuis les temps les plus reculés jusqu'au déluge. L'âge d'or et la vie sauvage. — Les origines de l'industrie. — La découverte d'un nouveau monde. — L'âge des métaux, etc. Ouvrage illustré de 258 dessins, 20 grandes planches hors texte, par Bayard, 1 vol. in-4. Bonne demi-reliure, chagrin, tr. dorées, 25 fr. net . . . . 7 fr. 50

DOLLFUS (Charles). **Lettres philosophiques.** De la méthode. La matière et l'esprit. Esquisse générale de l'homme. L'intelligence. Le cœur. La conscience. Antiquité. Paganisme. Le christianisme. Le catholicisme. Conclusion. 1 volume in-12. broché. Au lieu de 2 fr. 50 net. . . . . 0 fr. 50

DORAT. **Les baisers**, précédés du mois de *Mai*, poème. Un volume in-8, broché, imprimé avec luxe sur papier de Hollande. *Au lieu de 40 fr.* . . . . net 25 fr.

Edition ornée de: un frontispice, une figure, 23 vignettes, un fleuron sur le titre et 22 culs-de-lampe par Eisen et Marillier. Cet ouvrage, illustré avec un goût parfait et une grâce achevée, mérite le grand succès que lui font les amateurs. Réimpression textuelle de l'édition de 1770.

DUC S. **Lettres.** Nouvelle édition contenant un grand nombre de lettres inédites, précédées d'un essai sur l'auteur par *P Albert*. Un volume in-8, broché. Au lieu de 7 fr. 50 net. . . . . 1 fr.

DU CLESIEUX (Achille). **Armelle.** Poésies avec une introduction de Mgr l'évêque de Saint-Brieuc, 1 vol. in-8, broché, 5 francs. net . . . . 0 fr. 75

DU CLEUZIOU. **L'Art national.** Etude sur l'histoire de l'art en France. — Les origines. La Gaule. — Les Romains. — Les Francs. — Les Byzantins. — L'Art ogival. — Deux superbes volumes grand in-8. contenant 924 gravures, 20 chromolithographies, 20 planches tirées à part et plus de 900 planches de texte. Au lieu de 90 francs. . . . . . . net 20 fr.

Le tome I est relié, le tome II broché.

DUFLOMB. **La rue du Bac**, monographie complète de cette voie, suivie d'une table générale des noms et d'une liste des principaux habitants de cette rue aux XVIIe, XVIIIe et XIXe siècles. Un beau vol. in-8, broché, illustré de 25 gravures et 20 plans. Au lieu de 5 fr. 50 . . . . net 1 fr. 75

EGGER (Emile). **Mémoires** d'histoire ancienne et de philologie. De la vie et des travaux de A. J. Letronne. Des honneurs publics chez les Athéniens. Des formalités de l'état-civil chez les Athéniens. Sur le prix du papier au temps de Périclès. De quelques textes grecs trouvés sur des papyrus. De l'étude de la langue latine dans l'antiquité. Des journaux chez les Romains. De l'historien Dion Cassius et de son traducteur E. Gros. Etudes historiques latines. Notes sur divers monuments d'épigraphie latine. Observations sur une inscription grecque, etc.

Un volume in-8, broché. Au lieu de 8 francs net . . . . a . . . . 2 fr. 75

Éléments de science sociale ou religion physique, sexuelle et naturelle; exposé sur la véritable cause et sur le remède des trois principaux maux de la société: la pauvreté, la prostitution et le célibat, par un docteur en médecine.

Un vol. in-12, broché. Au lieu de 3 fr. 50, net. . . . . 1 fr. 25

FONTAINE DE RESBECQ. **Voyages littéraires** sur les quais de Paris. Lettres à un bibliophile de province, suivies de mélanges tirés de quelques bouquins de la boîte à quatre sols. Un volume in-12, broché. Au lieu de 3 fr. . . . . net 1 fr. 50

GUIMET. **Promenades japonaises.** Tokio, Nikko. Yeddo. Le chemin de fer japonais. A travers Tokio. Les deux amants. L'art au Japon. Un duel. Chez les bonzes. Le retour. Un fort volume gr. in-8. broché, illustré de nombreux dessins hors texte et dans le texte de Regamey, exécutés d'après nature.

Au lieu de 30 fr. . . . . net 5 fr.

GUIMET. **Promenades japonaises**, dessins d'après nature dont six aquarelles reproduites en couleur, par F. Régamey, 1 fort vol. gr. in-8, richement cartonné 35 fr. . . net 7 fr.

HAUSSMANN (baron). **Mémoires.** La Restauration. Le gouvernement de Juillet. La République de 1848. Le coup d'Etat. L'Empire. Les grands travaux de Paris. 3 vol in 8, brochés. Papier de Hollande. Au lieu de 60 fr. . . . . net 18 fr.

HEPWORTH DIXON. **La Suisse contemporaine**, traduit par E. Barbier. 1 fort vol. in-12, broché, 3 fr. 50. . . . . net 1 fr.

HEROARD. **Journal** sur les règnes de Henri IV et de Louis XIII, publié par E. Soulier et Ed. de Barthélemy. 2 vol. in-8, brochés. Au lieu de 12 fr. . . . . net 8 fr.

Histoire militaire et anecdotique du coup d'Etat (1851). Avant le 2 Décembre. Journées des 2, 3 et 4 décembre. Après le coup d'Etat. Rapport des généraux. Un volume in-8, broché. Au lieu de 5 fr. . . . . net 1 fr. 25

Ce livre a été écrit au moyen de documents authentiques et de notes prises sur l'heure par des témoins oculaires et par des personnes ayant joué un rôle dans les événements. Il a été fait pour fournir une page à notre histoire contemporaine, sans parti pris de louer ou de blâmer.

Histoire de Russie, traduite d'après le *professeur Solowieff* par la *princesse Souvoroff*. 1 volume in-8, broché. Au lieu de 7 fr. net . . . . 1 fr. 25

L'œuvre historique du professeur Solowieff est classique en Russie. Les documents qui le constituent appartiennent au Trésor des Archives impériales, où cet écrivain a eu la permission de puiser à son aise.

JAGNAUX. **Traité de chimie générale analytique et appliquée**, sciences physiques, chimiques et naturelles. 4 vol. in-8, brochés formant 2002 pages de texte, 800 figures et 2 planches en couleur. Au lieu de 48 francs. net . . . . 10 fr.

JOURDANET (Dr). **Influence** de la pression de l'air sur la vie de l'homme, climats d'altitude et climats des montagnes de l'Europe, de l'Abyssinie, de l'Espagne, du Mexique, etc. Deux superbes volumes grand in-8 cartonnés avec 8 cartes géographiques en couleur, 3 chromolithographies et de nombreuses gravures. Au lieu de 30 francs. . net 5 fr.

LABORDE. **Choix de chansons mises en musique.** Edition ornée de 100 figures d'après Moreau et Le Barbier. 4 magnifiques vol. gr. in-8, papier de Hollande numérotés, texte et musique gravés. Au lieu de 200 francs. net . . . . 50 fr.

Le même ouvrage, papier de Chine ou du Japon, 400 francs. . . . . net 80 fr.

Ce livre, une des plus belles réimpressions d'ouvrages du XVIIIe siècle, est le plus agréable par la grâce des sujets et le choix des costumes qui y sont représentés.

LAFONTAINE. **Contes.** Edition ornée des dessins de Fragonard. Splendide édition réimprimée sur celle de *Didot*, 1795, revue et augmentée d'une notice par A. de Montaiglon. Deux magnifiques vol. in-4 brochés, tirage numéroté sur papier de Hollande, comprenant 700 pages de texte et 100 gravures hors texte. *Au lieu de 250 francs.* net 80 fr.

LAMARTINE. **Œuvres.** Méditations poétiques. — Harmonies poétiques. — Recueillements poétiques. — Jocelyn. — La Chute d'un Ange. — Poèmes et poésies divers. — Graziella. — Raphaël. — Le Tailleur de pierres de Saint-Point. 9 vol. in-8. Exemplaire sur papier de Chine 360 francs. . net 150 fr.

Le même, sur papier Whatman, 450 francs. net . . . . 175 fr.

Edition de très grand luxe, *Hachette et Furne*. format in-8, imprimée en caractères elzéviriens, avec lettrines ornées, têtes de chapitres et culs-de-lampe, encadrements et titres en rouge.
Exemplaires numérotés.

LAMBER (Juliette), (Mme Ed. Adam). **Récits** d'une paysanne, illustrations de Fraipont. 1 vol. in-8, cartonnage artistique. Au lieu de 10 francs . . . . net 3 fr. 75

L'Ataxie locomotrice (de) d'origine syphilitique (Tabes spécifique). Leçons cliniques professées à l'hôpital Saint-Louis par le professeur A. Fournier. 1 fort vol. in-8 broché de 396 pages. . . . . net 4 fr. 75

Leçons sur la période præataxique du tabes d'origine syphilitique par le professeur A. Fournier. 1 vol. in-8 broché de 440 pages. net . . . . 4 fr. 75

L'Hérédité syphilitique, leçons cliniques du professeur A. Fournier, recueillies et rédigées par le Dr Portalier. 1 fort vol. in-8 broché de 420 pages. . . . . . . net 4 fr. 75

Le Cri de Guerre contre l'insecte, sous la direction de M. Canet. 1 vol. in-18, 3 francs. net . . . . 0 fr. 50

Ce n'est ni un appel aux armes, ni un prélude de carnage. Aussi le champ de bataille n'offrira-t-il rien aux regards du lecteur dont sa pitié ait à gémir, et les seules victimes que l'auteur demande, ce sont les insectes.

Dr LE NOIR. **Chimie élémentaire.** Un volume in-12, avec 76 figures dans le texte. *Au lieu de* 3 fr. 50. . . . . net 1 fr. 50

Dr LE NOIR. **Physique élémentaire.** Un volume in-12, broché illustré de 435 figures dans le texte. *Au lieu de* 6 fr. net. 2 fr. 25

LEPAGE. **Les cafés artistiques et littéraires** de Paris. Les cafés du Palais-Royal, Procope, Voltaire, Soufflot, Tabourey, de Madrid, de Suède, des Variétés, Frontin, Anglais, de la Paix, Riche, la Maison-Dorée, Tortoni, les Pieds humides. Un volume in-12, broché. Au lieu de 3 fr. 50. . . . . net 0 fr. 75

LEPETIT. **Trésor étymologique** ou étude sur les mots français. 1 vol. in-18, 2 francs. net 0 fr. 50

Ce livre est destiné aux élèves des écoles primaires supérieures et à toutes les personnes qui veulent avoir une connaissance raisonnée de notre langue, en leur donnant en un petit nombre de pages l'origine de plusieurs milions de mots.

LESBAZEILLES. **Le fondement du savoir.** L'unité de l'être. Le spiritualisme. Le matérialisme. Le monisme panthéiste. Les faits et les lois. Le monadisme idéaliste. Le réalisme phénoméniste. Le panthéisme rationaliste. *Un volume in-8, broché. Au lieu de 5 fr* net 1 fr. 75

LEVALLOIS (Jules). **Déisme** et christianisme. La crise religieuse et le théisme chrétien. Le christianisme progressif de l'orthodoxie. Théodore Parker. Le théisme chrétien en Amérique. La légende chrétienne et la science moderne. 1 vol. in-18, 3 fr. 50 net 0 fr. 75

LEVER (Charles). **O'Donoghue**, histoire

d'une famille irlandaise, trad. par B. Derosne. 2 vol. in-12, brochés, 6 francs. . net 2 fr.

Livret de vers anciens. *A Paris*, 1638, plaq. in-18, 5 francs. . . . . . net 2 fr. 50

A la suite et dans la manière du délicat poète si peu connu M. de Tristan, Jacques Madeleine épris des mignardises rêveuses d'autrefois, rime des sonnets précieux et des madrigaux aux Silvies et aux Roselies. Avec ses allusions mythologiques, ses concetti, ses images surannées et pourtant si fraîches, cette poésie a le charme attirant d'un très vieux portrait de jeune femme retrouvé dans un tiroir public oublié.

Joli réimpression exécutée par la maison Quantin.

LUBBOCK (Sir John). Les origines de la civilisation. Etat primitif de l'homme et mœurs des sauvages modernes. Troisième édition, traduite par Ed. Barbier. Un fort vol. in-8, broché, orné de nombreuses figures. Au lieu de 15 fr. . . . . net 5 fr. 75

LUYNES (Duc de). **La cour** de Louis XV 1735-1759, racontée au jour le jour. 14 vol. in-8, brochés. Au lieu de 84 fr. . . net 35 fr.

MARAIS (Mathieu), **Avocat** au Parlement de Paris. Journal et Mémoires sur la Régence et le règne de Louis XV (1715-1737), publiés par M. de Lescure, 4 vol. in-8, brochés. Au lieu de 24 fr. Net. . . . . 14 fr.

MARC. **De la folie,** considérée dans ses rapports avec les questions médico-judiciaires. De la compétence médicale dans les questions relatives à la folie. De la liberté morale. Des hallucinations. Des moyens de constater l'aliénation mentale. Des diverses monomanies. De la folie transitoire, etc. Deux volumes in-8, cartonnés. Au lieu de 20 fr. . net 2 fr. 50

MAX SIMON. **Temps passé,** journal sans date, recueil de souvenirs et anecdotes racontés par un médecin sur les personnages et les faits contemporains (1896), 1 vol. in-18, broché, de 330 pages. Au lieu de 3 fr. net. . . . . 0 fr. 75

MELIOT (H). **La musique** expliquée aux gens du monde. — Système musical. Composition. Exécution. Vocabulaire. Index. 1 vol. in-18, broché 1 fr. . . . . 0 fr. 50

MERMEIX. **La France** socialiste, notes d'histoire contemporaine. L'Internationale. K. Marx. Michel Bakounine. Jules Guesde. Le parti ouvrier. Collectivisme et communisme. Les femmes, Anarchie. Les réformateurs chrétiens, etc. Un volume in-12, broché. Au lieu de 3 fr. 50. . . . . net 1 fr. 75

MICHAUD. **Histoire** des Croisades, illustrée de 100 grandes compositions de G. Doré. Deux superbes volumes in-folio, reliés avec plaque spéciale. Au lieu de 170 fr. net. 60 fr.

Exemplaire état de neuf, sauf une petite éraflure à la reliure.

MICHIELS. **Voyage** d'un amateur en Angleterre. Christophe Wren. Voyage à travers Londres. L'Abbaye de Westminster. Samuel Johnson. Le cimetière de Chiswick et le parc de Richmond. Les châteaux et jardins anglais. Runney-Mead et le château de Windsor. La chapelle Saint-Georges. Eton et les collèges anglais. L'architecture classique à Londres et les archives municipales.

Un volume in-8, broché. Au lieu de 7 fr. 50 net. . . . . 1 fr. 75

MILSAND (J). **L'esthétique** anglaise, étude sur John Ruskin, 1 vol. in-12, broché. 2 fr. 50. net . . . . 0 fr. 75

MILSAND. **Les études** classiques et l'enseignement public. — Les études classiques, leur rôle dans le passé. La culture progressive. L'influence du français. La méthode à suivre. L'enseignement supérieur. La discipline. Un vol. in-12, br. Au lieu de 3 fr. 50, net 0 fr. 75

MINGHETTI (Ancien ministre d'Italie). L'Etat et l'Eglise, trad. Borguet, introd. par T. Laveleye. 1 vol. in-8, 5 fr. net 1 fr. 75

Il n'est point de problème à la fois plus délicat et plus important, que celui des rapports de l'Etat et de l'Eglise.

Supprimez le budget des cultes, et les prêtres, réduits à la besace de l'apôtre, deviendraient encore plus fanatiques qu'ils ne le sont.

MONOD. **L'Exposition de 1889.** Magnifique ouvrage historique, encyclopédique et descriptif, orné de quantité de gravures, représentant toutes les parties de l'exposition et publié sous le patronage de M. le Ministre du Commerce. 3 forts vol. in-4, et un album cartonné toile. Au lieu de 100 fr., net. . 25 fr.

MONTREUIL (M. de). **Poésies,** augmentées de pièces inédites publiées avec préface et notes par O. Uzanne. 1 vol. in-12 broché, papier de Hollande (Librairie des Bibliophiles), orné d'un frontispice et d'un portrait à l'eau-forte de Lalauze. Au lieu de 10 fr. net 3 fr. 50

MOUGEOT (D^r). **La Papille chatouilleuse.** Essai sur les saveurs, dédié aux médecins, aux gastronomes et aux cuisiniers. Les sens, la saveur, truffe et fromage, le gras, le maigre, contrastes des saveurs, maladies du goût, devoir convivial, la faim, les appétits irascibles, etc. 1 vol. in-12. Au lieu de 3 francs. net . . . . 0 fr. 75

MOUTON (Eugène). **Chimère,** roman. 1 vol. in-12 broché, 3 fr. 50. . . . . . net 1 fr.

PECONTAL (Siméon). **La Divine** Odyssée, poésies. 1 vol. in-8 broché, 5 francs. net . . . . 0 fr. 50

PLANTÉ (Gaston). **Recherches** sur l'électricité. 1 vol. in-8 broché, avec 89 figures dans le texte. Au lieu de 8 francs. net . . . . 2 fr. 50

Ouvrage réimprimé sur le texte de la première édition publiée en février 1879 et comprenant les deux fascicules supplémentaires publiés par l'auteur.

PRADELS (Octave). **Chansons,** monologues, chansons à dire, fantaisies, préface d'Armand Silvestre. 1 vol. in-12 broché, 3 fr. 50. net . . . . 1 fr. 75

Contenant les monologues suivants :

Un drôle de cor. — Y m'a r'fusé des asticots. — Le crime de Puteaux. — Barbasson. — L'ouvreur de portières. — Un épinard au jus. — Florimond. — Un écart franc. — La poésie de Bridouilles, etc., etc.

RACINE. **Œuvres** complètes, avec notices par A. France. 5 vol. in-18 brochés (Edition Lemerre), papier de fil. Au lieu de 25 francs. net . . . . 15 fr.

RACINE. **Théâtre,** nouvelle édition, avec notices et critiques de Paul Albert, ornée d'un portrait sur acier, imprimé avec luxe sur papier fil. 2 forts vol. in-8, riche reliure d'amateur dans un emboîtage. *Au lieu de 25 francs*. . . . . net 10 fr.

RICHEPIN (Jean). **Miarka,** la fille à l'ourse. 1 fort vol. in-8 de 450 pages, illustré de 6 eaux-fortes, 16 dessins en couleur hors texte et 50 compositions de P. Morel. Relié plaque, tranches dorées, 20 francs. . . net 4 fr. 50

Hippolyte RODRIGUES. **Les seconds chrétiens.** *Saint Paul.* 37-66. Un volume in-8, broché, orné de trois cartes semi-muettes des voyages de saint Paul. *Un volume in-8, broché. Au lieu de 6 fr.* . . . net 2 fr. 75.

Roman comique de Scarron (Le), peint par Pater et Dumont le Romain, réduit d'après les gravures au burin de Surugue, B. Audran, E. Jeaurat, Lepicié et Scotin, par Tiburce de Mare et accompagné de notices par A. de Montaiglon. Un beau volume grand in-8, imprimé sur vergé avec une double suite des gravures avant lettre. Au lieu de 80 fr. net . . . . 10 fr.

RAYNALY. **Les propros d'un escamoteur.** Etude critique et humoristique. Prestidigitation. Magnétisme. Spiritisme. Aperçus généraux. En province. Paris. Magnétisme. Spiritisme. Une histoire. Les Aïssaouas. Un volume in-12, broché. Au lieu de 3 fr. 50. net . . . . 0 fr. 75.

Sainte Bible (La), traduite par *Lemaistre de Sacy*. Splendide édition accompagnée de notes explicatives par l'abbé Delaunay. 5 magnifiques volumes grand in-8, ornés de 41 gravures tirées sur papier de Chine. *Edition Curmer.* Au lieu de 100 fr. . net 38 fr.

Le même ouvrage, belle reliure d'amateur. Au lieu de 140 fr. . . . . net 63 fr.

SARASIN (François). **Poésies,** augmentées de documents nouveaux et de pièces inédites, publiées avec notices, préface, et notes par O. Uzanne. 1 vol. in-12, broché, orné d'un frontispice de Monziès et d'un portrait à l'eau-forte d'après R. Nanteuil. Au lieu de 10 fr. net . . . . 3 fr. 50.

SEBILLOT (Paul). **Contes** *de terre et de mer*. Légendes de la Haute-Bretagne, illustrations de *Léonce Petit, Sahib* et *Bellanger*. 1 vol. in-4, broché. Papier de Hollande, numéroté. Au lieu de 12 fr. . . net 3 fr. 50.

LÉON SECHE. **Jules Simon,** *sa vie et son Œuvre*, documents nouvaux et inédits, avec un autographe et les portraits de J. Simon. J. Favre, E. Picard, Gambetta, Le Flô et Thiers. *Un volume in-12, broché. Au lieu de 3 fr.* . . . . net 1 fr. 25.

SOREL. **Contribution à** *l'étude profane de la Bible* : Recherches sur l'histoire du mosaïsme. — Etudes littéraires sur l'Ancien Testament. — Le problème de Jésus. Un volume in-8, broché. Au lieu de 7 fr. 50. net . . . . 2 fr. 75.

UZANNE (Octave). **Coiffures de style.** La parure excentrique, époque de Louis XVI. 100 planches imprimées en plusieurs tons et rehaussées à l'aquarelle. Un volume in-32, reliure de luxe. . . . . net 3 fr. 75.

— **Contes** pour les Bibliophiles. Un volume in-4 de grand luxe, orné de superbes gravures en noir et en couleurs, dans le texte et hors texte, par *Robida*. Au lieu de 25 fr. net . . . . 16 fr.

— **Contes** de la vingtième année. Bric-à-Brac de l'amour — Calendrier de Vénus — Surprises du cœur. Splendide ouvrage illustré de nombreuses gravures et décorations en camaïeu par Courboin, frontispice à l'eau-forte par Vierge et Massé. Un volume gr. in-8, broché. Papier rose. net . . . 16 fr.

Un livre perdu et retrouvé. Le jeu de l'aventure des devis facétieux des hommes et des dames auquel par élection de feuillets se montre un propos pour faire rire la compagnie. 1 vol, in-32, oblong, broché, réimprimé sur l'édition unique de Paris, 1514. net 1 fr. 75.

VATTIER (Victor). **John Wyclyff,** sa vie, ses œuvres, sa doctrine. Un v. in-8, net. 2 fr. 75.

Ce livre est avant tout une œuvre d'histoire et non l'œuvre d'un critique religieux.

La véridique histoire du chanoine Le Masseur, d'une princese grasse et d'un maître potier, racontée par une tête félée. Landernau, plaquette in-18, oblong, illustrée de nombreuses caricatures dans le texte. . 0 fr. 50.

VOLUMES IN-16, IN-18, IN-8

Chaque volume broché, au lieu de 2 fr., 2 fr. 50 et 3 fr. *Net.* **0.25**

BERTRAND. **La clef** de toutes les tenues de livres, seul moyen d'étude sans maître, et contenant un traité des comptes courants, un guide pratique du teneur de livres et un questionnaire . . . . 1 vol.

COPIN (Alfred). **Les maisons historiques** de Paris. . . . . 1 vol.

DUPOUY (Dr E.). **Maladies chroniques.** — Goutte. — Rhumatisme. — Chlorose. — Scrofule. — Rachitisme. — Phthisie pulmonaire. — Albuminerie. — Diabète. — Cancer. — Dartres. . . . . 1 vol.

GINISTY (Paul). **Manuel** du parfait réserviste. illustrations de Courboin et Jeanniot. . . . . 1 vol.

LE ROUX (Hugues). Notre patron Alphonse Daudet . . . . 1 vol.

MOINAUX (Jules). **Le testament** de M. de Crac, opéra-bouffe en 1 acte. . . . 1 vol.

MOUILLEFERT. **Le Phylloxera.** Moyens proposés pour le combattre, état actuel de la question, avec planches coloriées et figures dans le texte. . . . . 1 vol.

VALABRÈGUE (Antony). **Les princesses** artistes . . . . 1 vol.

VOULQUIN (Gustave) **Guide-poche** de nos forts et places fortes, avec 4 cartes inédites . . . . 1 vol.

OUVRAGES D'OCCASION

RÉVOLUTION FRANÇAISE

Louis XVI et la Famille Royale

1517. **Académie française.** Rapport sur les concours de poésie et d'éloquence de l'année 1822. Eloge de Lesage, discours qui a obtenu la première mention (par Bazin). *Paris, Vouvé*, 1822. On a ajouté à cet exemplaire un autographe de l'auteur et un autre adressé à l'auteur par Andrieu, secrétaire perpétuel de l'Académie. — Eloge historique de Lamoignon de Malesherbes, discours qui a remporté le prix d'éloquence décerné par l'Académie française dans sa séance du 9 août 1831 par M. Bazin; on y a ajouté quatre pages autographes de l'auteur. En 1 vol. in-4 demi-rel. . . . . net 8 fr

Le premier ouvrage est remonté. Le dernier discours contient de curieux renseignements sur Louis XVI et son procès.

1518. **L'Accusateur public**, par Richer-Serizy. Ans II-VII, 34 numéros en 2 vol. in-8 demi-rel. fauve (*manque le n° 35*) net 40 fr.

Très rare. Un des organes les plus remarquables et les plus influents de la réaction contre-révolutionnaire. On a ajouté à ce journal, l'Eloge de Richer-Sérizy. — Richer-Serizy aux auteurs et acteurs de la Révolution. — Richer-Serizy au Directoire.

1519. **Actes (Les) des Apôtres**, commencés le jour des morts et finis le jour de la purification. A Paris, l'an de la liberté 0. 9 vol. in-8 veau, chaque vol. contient une planche gravée, numéros 1 à 270 . . . . net 50 fr.

Une des feuilles royalistes les plus célèbres, et de toutes celles de l'époque la plus spirituelle et la plus piquante. (Fondée par Pelletier-Champcenetz Rivarol.)

Le même, 8 vol. in-8 cart., le tome IX broch. net. . . . . 60 fr.

Exemplaire de Cléry avec son Ex-libris sur une quantité de numéros.

Le même, 20 vol. in-12, brochés, sans gravures . . . . net 40 fr.

1520. **Adresse à l'Assemblée nationale** présentée par la veuve du S. Jean Gas de Nismes et ses six enfants, contenant une relation exacte du pillage de la maison du S. Gas, de son affreux assassinat et des excès commis envers sa famille. *Paris*, 1790. 23 pages in-4 cart. . . . . net 4 fr.

1521. **Adresse aux amis de la paix** par Servan. *Marseille* 1790. — Second discours à la nation française par de Fumelh, 1789. — Discours sur la rareté du numéraire, par Brissot de Warville, 1790. — Qu'est-ce que la Constitution de 95, par A. Lezay. *Paris*, an III. Ensemble 4 broch. in-8 . . net 4 fr. 50

1522. **Adresse de la Convention** nationale au peuple français, an II. — Rapport sur la nécessité et les moyens d'anéantir le patois et d'universaliser l'usage de la langue française 2 pièces en 1 vol. in-8 cart. . net 4 fr.

1523. **Affaire Lesurques.** Pièces justificatives à l'appui du rapport de M. de Laboulie, représentant du peuple. Brochure in-4. *Rare*. . . . . net 5 fr.

1524. **ALBOIZE** et **Ch. ELIE Fastes des gardes nationales de France.** *Paris. Goubaud* 1849, 2 vol. gr. in-8 cart. n. rog. *Nombreuses planches*. . . . . net 30 fr.

Exemplaire auquel on a ajouté au tome Ier une pièce autographe signée de Louis XVI.

S. M. ordonne au régiment d'infanterie de Lyonnais qui doit arriver à Nimes le premier mars prochain, de suivre les ordres qui lui seront donnés par le sieur d'Albignac, maréchal de camp, commandant les troupes de ligne du département du Gard. Signé et daté de 1791.

Dans le tome II, un autographe de Santerre au ministre de la Guerre, l'an premier de la République.

1525. — **Fastes des gardes nationales.** *Paris*, 1849, 2 vol. gr. in-8, demi-rel. chag. nombr. gravures . . . . net 10 fr.

Le même ouvr. 1 vol. in-8 demi-rel. net 7 fr.

1526. **ALLEN** (William). **Traité** politique, traduit en français. *Lugduni*, 1658, in-18 demi-rel. veau . . . . net 4 fr.

Réimpression faite par M. Mercier, de Compiègne, en 1793. Rare.

1527. **Almanach** des demeures des ci-devant nobles résidens à Paris, et celles des avocats, notaires, procureurs, etc. *Paris*, 1791, in-32. cart . . . . net 5 fr.

1528. **Almanach** fidèle pour l'an cinquième de la République française, 1797, où l'on trouvera chaque jour les divers changements de l'air que les astres produisent sur notre horizon; et toutes les foires rangées dans un ordre tout nouveau par le S. Maribas, grand astrologue et mathématicien, à *Troyes*, chez *Garnier*, in-12 broch. . . . . . net 5 fr.

Très rare.

1529. **Almanach** républicain du département du Cher pour l'an VIIIe. *Bourges*, Brulas, in-32, broch. . . . . net 4 fr.

1530. **L'Ami de la Révolution**, seizième à trentième philippique en 1 vol. in-8 veau. net 5 fr.

Tome II seul.

1531. **ANCELON. La vérité** sur la fuite et l'arrestation de Louis XVI à Varennes, d'après des documens inédits. *Paris, Dentu*, 1866, in-8 broch. *Port*. . . . . net 4 fr.

1532. **L'Angleterre** instruisant la France ou tableau historique et politique du règne de Charles Ier et de Charles II. *Londres et Paris* 1793, in 8, cart. *Front*. . . . net 3 fr. 50

1533. **ANGOULEME** (Duchesse d'). **Mémoires** publiés par de Barghion-Fortrion, *Paris*, 1858. — Mémoires particuliers formant avec l'ouvrage de Hue et le journal de Cléry, l'histoire complète de la captivité de la famille royale à la tour du Temple *Paris*, 1817 (attribué à la duchesse d'Angoulême), vue et plan de la tour du Temple. — Récit fidèle et complet de tout ce qui a précédé et suivi la découverte du testament de la Reine par Montjoye. *Paris*, 1814. Ensemble 1 vol. in-8, broch, ... net 12 fr.

1534. ANGOULEME (Duchesse d'). **Relation de la captivité de la famille royale à la tour du Temple.** *Paris, Poulet-Malassis*, 1862, in-12, broch. *Rare*. . . . . net 4 fr.

1535. ARAGO et GOUIN. **Histoire du duc d'Orléans.** Détails inédits sur sa vie et sur sa mort. *Paris, Chapelle*, in-8 demi-rel. Fig. . . . . net 3 fr. 50

1536. D'ARNETH et FLAMMERMONT. **Correspondance secrète du comte de Mercy-Argenteau avec l'Empereur Joseph II et le prince de Kaunitz.** *Paris, Imp. Nationale*, 1889, 2 vol. gr. in-8, cart. non rog. . . . . . net 15 fr.

1537. ARRIGHI. **Histoire de Pascal Paoli** où la dernière guerre de l'indépendance (1755-1807). *Paris, Gosselin*, 1843, 2 vol. in-8, broch. . . . . net 6 fr.

1538. **Assassinat commis sur la personne du duc de Berri par Louvel par C. D.** *Paris, S. D.* in-16, broch. Planches représentant la mort du duc de Berri. . . . . net 3 fr. 50

1539. AULARD. **La Société des Jacobins.** Recueil de documents pour l'histoire du Club des Jacobins. *Paris*, 1889-1895, 5 vol. in-8, broch. . . . . net 25 fr.

Le même ouvrage tome II, janvier à juillet 1791, in-8, broch. . . . . net 5 fr.

1541. **Auvergne et Bretagne.** 3 pièces en 1 vol. in-4. d.-rel. v. n. rogné. net 10 fr.

Mélanges archéologiques ou recueil de dessins d'objets, vases, sceaux, monnaies et fragments antiques trouvés dans différentes localités d'Auvergne, par Grange. *Clermont-Ferrand*, 1857. Planches. — Archives curieuses de la ville de Nantes. Tome V. Nantes pendant la Révolution. — Les Beaux-Arts en Rouergue, par Advielle. *Rodez*, 1868.

1542. **Avis salutaire sur la puissance des rois et sur la liberté des peuples.** *Cologne (à la sphère) chez P. Marteau*, 1688, in-18, cart. net . . . . 4 fr.

1543. BABOEUF **Copie des pièces saisies dans le local qu'il occupait lors de son arrestation.** *Paris, nivôse an V*, in-8, cart. non rogné. *Tome I*er. . . . . net 4 fr.

Le même, br. . . . . net 3 fr.

1544. BAILLY. **Jugement rendu par le tribunal criminel révolutionnaire établi à Paris par la loi du 18 mars, qui condamne à la peine de mort Silvain Bailly, ancien maire de Paris.** In-4, de 4 pages demi-rel. veau net. . . . . 8 fr.

Très rare.

1545. BARANTE (de). **Histoire du Directoire de la République française.** *Paris, Didier*, 1855, 3 vol. in-8, demi-rel. . . . . . net 18 fr.

Epuisé.
Bel exemplaire d'un ouvrage estimé.

1546. BARBAROUX (Charles). **Mémoires inédits**, avec une notice sur sa vie par Ogé Barbaroux. *Paris, Beaudoin*, 1822, in-8, br. net . . . . 3 fr. 50

1547. BARNAVE. **Œuvres** publiées par Mme Saint-Germain, sa sœur, et mises en ordre par Berenger de la Drôme. *Paris, Chaltamel*, 1843, 4 vol. in-8 br. . . . net 12 fr.

Le même, 4 tomes en 2 vol. in-8. demi-rel.. net . . . . 16 fr.

1548. BARRUEL (l'abbé). **Mémoires p. s. à l'histoire du Jacobinisme.** *Hambourg, Fauche*, 1798, 4 vol. in-8, demi-rel. Rel. n. uniforme net . . . . 10 fr

1549. BASTIDE (Louis). **Vie religieuse et politique de Talleyrand-Périgord**, prince de Benevent. *Paris, Faure*, 1838, in-8, demi-rel. net . . . . 3 fr. 50

1550. BEAUCHAMP (A. de). **Histoire de la guerre de la Vendée et des chouans**, depuis son origine jusqu'à la pacification de 1801. *Paris*, 1806, 3 vol. in-8 demi-rel. *Cartes*. net . . . . 12 fr.

Le même ouvrage. Quatrième édition depuis 1792 jusqu'en 1820. 4 vol. in-8 rel. *Cartes*, net. . . . . 20 fr.

1551. BEAUCHESNE (A. de). **Louis XVII, sa vie, son agonie, sa mort**, captivité de la famille royale au Temple. *Paris, Plon*, 1866. 2 vol. in-12, d.-rel. *Portraits et fac similés* net. . . . . 5 fr.

Le même, 2 vol. in-8, demi-rel. . net 7 fr.

1552. BERARD. **Les cancans politiques.** 52 numéros. — Réclamation contre la captivité de la duchesse de Berry. 1833. — Cancans patriotes, populaires, parisiens. Le Pèlerin français, 8 numéros. Deuxième philippique — Facéties de la semaine. — Mes perruques, coups de peigne politiques. — Mes perruques à marteau. Ens. 1 vol. in-8, demi-rel. v. fauve. net . . . . 10 fr.

1553. BERARD. **Les cancans politiques.** 42 numéros en 1 vol. in-8. demi-rel. veau. *Portrait* . . . . net 5 fr.

1554. BERNIS (Cardinal de). **Mémoires et lettres** 1715-1758, publ. par F. Masson. *Paris, Plon*, 1878, 2 vol. in-8, br. . . . net 7 fr.

1555. BERTON (B). **Recueil de seize canons grivois** à 2, à 3, à 4, à 5, à 6, à 7 et 8 voix, dédié à la Société de la goguette. *Paris, Duhan*, s. d. (vers 1810,) gr. in-8. d.-rel. veau, ébarbé net . . . . 12 fr.

Paroles et musique, joli titre gravé.

1556. **Bibliothèque** de la reine Marie-Antoinette au château des Tuileries. Catalogue authentique publié d'après le manuscrit de la Bibliothèque Nationale. *Paris, Morgand*. 1884, in-18, br., couv. . . . . . . net 6 fr.

1557. **Bibliographie agronomique** ou dictionnaire raisonné des ouvrages sur l'économie rurale et domestique et sur l'art vétérinaire, par Musset-Pathay. *Paris, Colasse*, 1810, in-8, bas. . . . . net 6 fr.

1558. BIGOT DE SAINTE CROIX. **Histoire de la conspiration du 10 Août 1792.** *Londres*, 1793, in-8, cart. . . . . net 5 fr.

1559. **Biographies.** 6 pièces en 1 vol. in-8, veau. *Portraits et figures*. . . . net 20 fr.

Vie politique de Louis-Joseph de Condé. — Vie privée et politique de Louis-François-Joseph de Conti. — Vie de Louis-Philippe-Joseph duc d'Orléans. 1790. — Vie impartiale, politique, militaire et domestique de la Fayette, général des Bleuets. 1790. — Vie privée et ministérielle de Necker. 1790. — Supplément à la vie de Necker. 1790. — L'histoire dévoilée ou origine des maux de la France perdue par les manœuvres de Necker, par Rusticfle de Loée. 1789.

1560. **Biographies.** 9 Pièces en 1 vol. in-8, d.-rel. chag. . . . . net 6 fr.

Vie et travaux de Ch. de Sismondi, par M. de Montgolfier (Imprimé pour la Revue indépendante en 1843 mais non publié), nombreuses notes manuscrites dans les marges. — Michel Servex, portrait caractère, par E. Tellin 1879. — Michel Joly, son passé, son programme 1875. — Almanach n° 1. *Nimes*. 1882. — Noël en 1841, par F. Fernel. — Newton, par de Rémusat. — Eloge de O. Lanet par A. Baud 1877. — Eloge de Gensonné, par Chever. — Eloge de Crémieux, par Tonhoure. — Théodore Lie, par Meynaux.

1561. BIGNON. **Histoire de France** depuis le 18 Brumaire jusqu'à la paix de Tilsitt. *Paris*, 1829, 6 vol. in-8, demi-rel... . . net 45 fr.

1562. BOISSY-D'ANGLAS. **Essai sur les fêtes nationales** suivi de quelques idées sur les arts et sur la nécessité de les encourager. *Paris, de l'Imprimerie Polyglotte, an II*, in-8 demi-rel. mar. brun. tête dorée, n. rogné . . . . net 10 fr.

Exemplaire avec un autographe de Boissy-d'Anglas.

1563. BOITEAU. (Paul). **Etat de la France en 1789.** *Paris, Perrotin*, 1861. in-8 br. net. . . . . 4 fr.

On a ajouté une lettre autographe de l'auteur.

1564. **Bordeaux, Albi, Lodève.** 8 pièces en 1 vol. in-8, demi-rel. . . . . net 6 fr.

Procès-verbal de la fête patriotique exécutée dans la ville d'Albi du 14 juillet 1790. — Le massacre des Innocens (à Bordeaux) 1789. — Adresse du club national de Bordeaux à la Convention. — La Société populaire de Cambrai à la Convention. — La Société populaire de Cambrai à celle de Paris séante aux Jacobins. — Réflexions impartiales présentées à la Convention (Lodève) — Discours de Barruel-Beaumont à l'Assemblée primaire de Mantes-sur-Seine du 8 septembre 1795 — Avis fraternel de la Municipalité de Nantes 1790.

1565. **La Bouche de fer** (par Fauchet et Bonneville). 13 numéros non rognés en 1 vol. in-8, demi-rel. veau. dos orné. . net 5 fr.

Numéros LIV à XII, 1790, et LXVIII, 1791.

1566. BOUCQUEAU (J.-B.). **Essai** sur l'application du chapitre VII du prophète Daniel à la Révolution française. *Bruxelles, Lemaire*, 1802, in-8. cart. *ébarbé* . . . net 3 fr. 50

1567. BOUDARD (A.). **Mémoires**, lettres et pièces authentiques touchant la vie et la mort du duc d'Enghien. *Paris*, 1823, in-8. br. net . . . . 6 fr.

1568. CRÉTINEAU-JOLY. **Histoire de la Vendée militaire.** *Paris, Gosselin*, 1843. 4 vol. in-12, bas. *Epuisé et rare*. N t. 12 fr.

1569. **Les brigands démasqués** ou mémoires p. s. à l'histoire du temps présent par Auguste Denican (général royaliste). *Londres*, 1796. in-8. demi-rel. v. dos orné, non rog. *Figure représentant Barras en grand costume* . . . . net 12 fr.

1570. BRISSOT (Pierre). **Recherches** philosophiques sur le droit de propriété p. s. de premier chapitre à la théorie des lois de Linguet. S. L. 1780. in-12 demi-rel. bas. net. . . . . 3 fr. 50

1571 BRISSOT. **Jugement** du Tribunal révolutionnaire établi à Paris par la loi du 10 mars 1793, qui le condamne à la peine de mort et 20 de ses complices. 4 pages in-4, demi-rel. veau. . . . . net 8 fr.

Très rare

1572. BURKE (Ed.). **Reflections** on the revolution in France and on the proceedings in certain Societies in London. *London*, 1790, in-8. demi-rel. . . . . net 4 fr.

1573. BURKE. **Lettre** à un membre de l'Assemblée nationale de France. 1811. — Œuvres posthumes sur la Révolution française. *Londres*, 1799. En 1 vol. in-8. demi-rel. net. . . . . 4 fr.

1574. BURKE. **Réflexions** sur les révolutions de France et sur les procédés de certaines Sociétés à Londres, relatifs à cet événement. *Paris et Londres*, s. d., in-8. demi-rel. net. . . . . 4 fr.

1575. CABET. **Histoire** populaire de la Révolution française de 1789 à 1830. *Paris, Pagnerre*, 1839. 4 vol. in-8 br . . net 10 fr.

1576. CARNOT. **De la défense des places fortes.** *Paris*, 1811. in-8, demi-rel. v. net. . . . . 4 fr.

1576 *bis*. — **Mémoires** publiés par son fils. *Paris, Pagnerre*, 1861-64. 2 vol. in-8, demi-rel. rare. Net. . . . . 20 fr.

1577. **Catalogue** d'une importante collection de documents autographes et historiques sur la Révolution française depuis le 13 juillet 1789 jusqu'au 18 Brumaire an VIII. *Paris Charavay*, 1862, in-8. demi-rel. chag. vert. net. . . . . 5 fr.

Collection Maurin, la plus importante et la plus curieuse des collections sur la Révolution française.

1578. **Catalogue** des livres, brochures, journaux, caricatures et autographes, composant la précieuse bibliothèque révolutionnaire de feu M. Ed. B... *Paris, Techener*, 1837. quelques prix. — Catalogue de livres rares et précieux, éditions elzéviriennes, exemplaires sur peau de velin, ouvrages à figures, journaux et pièces historiques sur la Révolution française, provenant du cabinet de M. Maurin, rédigé par P. L Jacob. *Paris*, 1846. Ensemble 1 vol. in-8, cart. n. rogné. net . . . . 7 fr.

1579. **Catéchisme** d'un curé intrus. S. l. n. d. 24 pages in-8, cart. toutes marges, net. . . . . 4 fr.

Très rare.

1580. **Catéchisme** (Le) du genre humain, dénoncé par le ci-devant, évêque de Clermont, à la séance du 5 novembre 1789 (par Boissel). *Paris*, 1792. in-8. cart. . . . . net. 8 fr.

Entièrement non rogné, rare en cet état.

1581. CAYLUS (Cte de). **Souvenirs**, pour faire suite aux souvenirs de Mme de Caylus, sa mère. *Paris, Hubert*. 1805. in-8, demi-rel. . . . . 3 fr. 50.

1582. **C'est f...**, le commerce ne va pas, *De l'imprimerie de la petite Rosalie au Palais-Royal*, 1790, 7 pages in-8, cart. n. rog. . . . . net 4 fr.

1583. **Chacun son tour** ou le De profundis des médecins, motion proposée à l'Assemblée nationale, p. s. de suite à ses nobles travaux, *s. l.* 1791. in-8. cart. n. rog. net 3 fr. 50

1584. CHALLAMEL (Augustin). **Les clubs** contre-révolutionnaires, cercles, comités, sociétés, salons, réunions, cafés, restaurants et Librairie. *Paris*, 1895, in-8. br. . net 4 fr.

1585. — **Histoire-Musée** de la République française depuis l'assemblée des notables jusqu'à l'Empire. *Paris, Challamel*, 1842, 2 vol. in-8, demi-rel. chagr. vert, dos ornés . . . . net 25 fr.

Nombreuses vignettes grav. sur bois dans le texte, 150 vign. sur acier et sur bois et fac-similés d'autographes tirés à part.

Edition originale, 1er tirage des figures. Rare.

1586. CHAMPAGNE. **La politique** d'Aristote ou la science des gouvernements. *Paris, Bailleul*, an V 2 vol. in-8 d. rel. *Envoi d'auteur*. . . . . net. 5 fr.

1587. **Changement** de décoration, ou vue perspective de l'Assemblée nationale des Français, ouvrage unique et impartial, enrichi de portraits gravés d'après nature avec des notes historiques. *Au champ de mars, l'an second des horreurs républicaines*. in-8, veau, *imp. en rouge* . . . . .net 7 fr.

Très rare. Bel exemplaire.

1588. CHARAVAY (Etienne). **Assemblée** électorale de Paris, 18 novembre 1790-15 juin 1791, 25 août 1791. 12 août 1792. *Paris, Quantin*, 1890. 2 vol. in-8, b. . . . . net 7 fr.

1589. — **Correspondance** générale de Carnot publiée avec des notes historiques et biographiques, août 1792 à août 1793. *Paris, Imp. Nationale*. 1894. 3 vol. in-8 cart. n. rog. . . . . net 20 fr.

1590. CHASSIN. **La Vendée** patriote, 1793-1795. *Paris, Dupont*. 1893-1895. 4 vol. in-8, br. . . . . net 20 fr.

1591. — **La préparation** de la guerre de Vendée, 1789-1793. *Paris, Dupont*. 1892. 3 vol. in-8, br . . . . net 18 fr.

1592. — **Les élections** et les cahiers de Paris en 1789. *Paris, Quantin*, 1888-89, 4 vol. in-8, br . . . . net 18 fr.

1593. CHATEAUBRIANT. **Essai** historique, politique et moral sur les Révolutions anciennes et modernes. *Londres, Colburn*, 1820. in-8, d. rel. veau, dos orné net 5 fr.

1594. — **Mémoires**, lettres et pièces authentiques touchant la vie et la mort du duc de Berry. *Paris, Le Normant*, 1820. in-8, cart. n. rog. bel exemplaire. . . . . . net 7 fr.

1595. CHAZET (de). **Mémoires** posthumes, lettres et pièces authentiques touchant la vie et la mort du duc de Rivière. *Paris*, 1829, in-8, demi-rel. . . . . net 4 fr.

1596. CHENIER (J.). **Poésies** lyriques. *Paris, Didot*, an V. — Pie VI et Louis XVIII. *Paris, Laran*, en 1 vol. in-8, d. rel. v. vert. tête dorée. *Bauzonnet*. . . . . . net 5 fr.

1597. CHEVRIER. **Le Colporteur**, histoire morale et critique. *Londres, Jean-Mourse, an de la vérité*. in-12 d. rel. veau. net 3 fr. 50.

1598. **Choix** de rapports, opinions et discours prononcés à la tribune nationale. Années 1795 à 1799. Le directoire et les conseils. *Paris, Eymery*. 1821. in-8, br. . . . . net 3 fr. 50.

1599. CHOISEUL (Duc de). **Mémoires** écrits par lui-même. A *Chanteloup et à Paris*, 1790. 2 vol. in-8, demi-rel. . . . . net 5 fr.

1600. **La Chronique** du mois ou les calendriers patriotiques par Clavière, Condorcet, Mercier, Bonneville, Collot d'Herbois, etc., 4 numéros br.. . . . . net 3 fr.

Août et octobre avec supp. — Novembre avec le supp. 1792. — Février avec le supp. 1793.

1601. CLARETIE (Jules). **Les derniers Montagnards.** Histoire de l'insurrection de Prairial an III (1795). *Paris, Lacroix*, 1867. in-8. *Manque un coin du faux titre*. net 4 fr.

1602. — **Camille Desmoulins**, Lucile Desmoulins, étude sur les Dantonistes, *Paris, Plon*, 1875, gr. in-8, d.-rel. maroq. vert, non rogné. *Portrait*. . . . . net. 5 fr.

1603. **Clergé et Divorce** (1815-1816). 27 pièces en 1 vol. in-8, demi-rel. . . . . . net 10 fr.

Développement de la proposition faite par M. Lachèze-Murel sur le projet de loi pour rendre aux curés les fonctions d'officiers de l'état civil — Rapport de M. Chifflet sur la proposition de M. de Castelbajac relative au clergé — Opinion de MM. Cardonnel. Daldeguier et d'Andigné, sur la proposition de M. de Castelbajac relative au clergé — Opinion de M. de Castelbajac sur le rapport de M. Chifflet — Opinion de M. de Kergolay sur le projet de loi de M. Chifflet — Opinion sur la résolution de la Chambre des députés relative au clergé — Observation de M. de Cardonnel sur le projet de loi de M. de Castelbajac — Rapport tendant à améliorer le sort des ecclésiastiques, par M. Roux de Laborie — Opinion de MM. Cardonnel, le comte Beugnot, Siricys de Mayrinhac, le baron Fabry, de Bonald, Voisin de Gartempe, Ribard, Magin de Grandprez, baron de Jumillac sur les projets de lois relatifs au clergé — Opinion de MM. Farnier de St-Alary, Cardonnel, Chifflet, de Bonald, et Josse-Beauvoir sur le rapport relatif à l'abolition du divorce.

1604. CLÉRY. **Journal** de ce qui s'est passé à la tour du Temple pendant la captivité de Louis XVI. *Londres*, 1798, in-8, veau, filets . . . . net. 12 fr.

Edition originale avec une vue et un plan de la tour du Temple.

1605. — **Journal** de ce qui s'est passé à la tour du Temple pendant la captivité de Louis XVI. *Blois, Jahyer*, 1814, in-8, br. . . . . net. 6 fr.

1606. Le **Club infernal.** Catastrophe du club infernal et sa dénonciation. — Dialogue des morts de la Révolution entre Loustalot et l'abbé Royou, sur la liberté des opinions; entre Marat et Nermaux, sur le fédéralisme. — Le marchand de nouveautés ou dialogues entre Ph. d'Orléans, Phélipeaux, Suleau et Mme Rolland, en 1 vol. in-8, demi-rel. dos orné. . . . . net. 4 fr. 50.

1607. COLAU (P.). **Les grenadiers français** ou les soldats immortels, précédé d'une notice sur La Tour d'Auvergne. *Paris*. 1821, in-12, cart. *Planche*. . . . . net. 4 fr.

Rare.

1608. COLET (Mme L.). **Charlotte Corday** et Mme Roland. *Paris, Lacrampe*, 1842 in-fol, demi-rel. tr. jasp . . . . net. 10 fr.

Edition tirée à 24 exemplaires.

1609. COLLIN D'HARLEVILLE. **Théâtre,** tomes III et IV, *Paris*, 1805. en 1 vol. in-8, dem.-rel. . . . . net. 3 fr. 50.

Le vieillard et les jeunes gens. — Malice pour malice. — Il veut tout faire. — Les riches. — Les poésies fugitives. — 30 pages de musique.

1610. COLSON. **Répertoire du Théâtre Français** ou détails essentiels sur 360 tragédies et comédies. *Bordeaux*, 1818. 3 vol. in-8, cart. n. rog. *couv*. . . . . . . net. 9 fr.

1611. COMBES (L.). **Episodes et curiosités** révolutionnaires. *Paris, Madre*, 1872. in-12. br. *Epuisé*. . . . . net 3 fr.

1612. CONDORCET. **Mémoires** sur la Révolution française, extraits de sa correspondance et de celles de ses amis. *Paris, Ponthieu*, 1824. 2 tomes en 1 v. in-8, demi-rel. net. 7 fr.

1613. **Conjuration de Louis-Philippe-Joseph** d'Orléans, surnommé Egalité, d'après l'histoire qu'en a publiée Montjoie en 1796. *Paris, Dentu*, 1831, in-8. br. *Portrait ajouté*. . . net 4 fr.

1614. **Confession** générale de S. A. R. le Cte d'Artois, déposée à son arrivée à Madrid dans le sein du T. R. P. Don Jérôme, grand inquisiteur, et rendue publique par les ordres de S. A. pour donner à la nation un témoignage authentique de son repentir. *A Bruxelles* et à *Paris*, 1789. in-8. cart. . . . . net 6 fr.

Rare.

1615. **Constitution française** présentée au roi par l'Assemblée nationale le 3 septembre 1791. *Paris, Prud'homme*, 1791, in-8, veau . . . . net 4 fr.

1616. **Constitution française,** décrétée par l'Assemblée nationale constituante aux années 1789, 1790 et 1791, présentée au roi le 3 septembre 1791, et acceptée par Sa Majesté le 14 du même mois. Paris, Didot, 1701. 1 vol. gr. in-8, demi-rel. maroq., non rogné 12 fr.

Rare.

1617. **Correspondance** secrète entre Marie-Thérèse et le Cte de Mercy-Argenteau, avec les lettres de Marie-Thérèse et Marie-Antoinette publ. par le chev. d'Arneth et A. Geffroy. *Paris, Didot*. 1875. 3 vol. in-8, br. net 12 fr.

1618. **Correspondance** originale des émigrés ou les émigrés peints par eux-mêmes. (Cette correspondance est celle prise par l'avant-garde du général Kellermann à Longwy et à Verdun, dans le portefeuille de Monsieur, et dans celui de M. Ostome). (Publ. par A. Rousselin). *Paris*, 1793. 2 parties en 1 vol. in-8. demi-rel. n. rog. Bel exemplaire. net 12 fr.

1619. **Les Crimes des Parlemens** ou les horreurs des prisons judiciaires dévoilées par P.-M. Parcin. *Paris*, 1791, in-8, d.-rel. veau n. rog. . . . . net 4 fr.

1620. **Cultes.** 3 pièces en 1 vol. in-8. demi. rel., n. rogné.. . . . . net 6 fr.

Catéchisme à l'usage de l'Eglise catholique française par l'abbé Thatel, 1833. — Du projet de loi sur le sacrilège par Lamennais, 1825 — Essai sur les funérailles, par P. Dolivier, Versailles, an IX.

1621. DAMPMARTIN. **Histoire de la rivalité de Carthage et de Rome.** *Strasbourg, Treuttel*. s. d. . . . . net 18 fr.

1622. DANTON. **Mémoire sur sa vie privée,** appuyé de pièces justificatives, par le Dr Robinet. *Paris, Chamerot,* 1865. in-8, br *Envoi d'auteur*, net. . . . . . . 3 fr. 50

1623. DAUPHIN. **La dernière Héloïse** ou lettres de Julie Salisbury. *Paris,* 1790. 2 tomes en 1 vol. in-18, demi-rel., v., dos orné. *Frontispice de Quéverdo*. net 4 fr.

1624. DAVY. **Les Conventionnels de l'Eure.** Buzot, Duroy, Lindet, à travers l'histoire. *Evreux*, 1876. 2 vol. in-8, br. *Port. Envoi et autographe de l'auteur*. net. . . 10 fr.

1625. **Decade (La) philosophique,** littéraire et politique, an XI. 8 numéros in-8, br., net. . . . . 4 fr.

Nos 27-28-29-30-31-32 et 36.

1626. DELACROIX. **Le Spectateur français** pendant le Gouvernement révolutionnaire. *Paris, Buisson,* an III. in-8, bas. net. 3 fr. 50

1627. **De la littérature** des nègres ou recherches sur leurs facultés intellectuelles, leurs qualités morales et leur littérature. *Paris, Maradan,* 1808. in-8, demi-rel., v., dos orné, n. rog. . . . . net 7 fr.

1628. **Dénonciation** de la peine de mort aux Etats généraux. *Londres,* 1789. in-8, cart. net . . . . 3 fr. 50

1629. **Description** historique et bibliographique de la collection de feu le comte de La Bédoyère, sur la Révolution française, l'Empire et la Restauration, rédigée par France. *Paris, France,* 1862, gr. in-8, cart, *Portrait* . . . . net 7 fr.

1630. DESORGUES. **Rousseau** ou l'Enfance, poëme suivi des transtéverins et poésies lyriques. *Paris, Jansen.* in-12, demi-rel., veau. *Rare*. . . . . net 5 fr.

1631. D'HEILLY (Georges). **Cotillon III** (la comtesse Du Barry). *Paris, Faure,* 1867. in-12, cart., n. rog. *Couverture. Portrait ajouté* . . . . net 4 fr.

Le même, demi-rel., chag . . net 3 fr.

1632. D'HUNOLSTEIN (Comte Paul Vogt). **Correspondance** inédite de Marie-Antoinette. *Paris, Dentu,* 1868. in-8. *Portrait*. net. . . . . 5 fr.

Mouillures . . . . net 4 fr.

1633. **Dialogue** entre De Launay, Flesselles, Foulon et Berthier, aux enfers. 8 pages pet. in-8. cart. . . . . net 3 fr. 50

1634. **Dialogue** entre un Citoyen et un Soldat, par T. P. M. in-4, demi-rel., texte français et allemand (1789). . . . . . net 3 fr.

1635. **Dictionnaire** national et anecdotique, p. s. à l'intelligence des mots dont notre langue s'est enrichie depuis la Révolution, etc. A *Politicopolis*, 1790. in-8, cart. *Entièrement non rogné*. . . . . net 10 fr.

Le même, demi-rel. . . . . . net 7 fr.

1636. **Dictionnaire** des protées modernes, ou biographie des personnages vivants qui ont figuré dans la Révolution depuis 1789 jusques et y compris 1815. *Paris.* 1815. in-18, br. . . . . net 3 fr. 50

1637. **Discours de la Lanterne** aux Parisiens (par Camille Desmoulins). En France, l'an 1er de la liberté. in-8, cart. . . . . net 6 fr.

Rare. Curieux écrit dans lequel l'auteur menace plus d'un aristocrate de le livrer au lacet fatal.

1638. **Discours** et rapports de Robespierre. 8 pièces en 1 vol. in-8, demi-rel., dos orné. net . . . . 15 fr.

Discours sur l'organisation des gardes nationales, 1791. — Discours sur le licenciement des officiers de l'armée. — Second discours sur le jugement de Louis Capet du 28 décembre 1792. — Adresse aux Français sur les véritables causes de nos maux et sur leur remède — Rapport sur la situation politique de la République le 27 brumaire an II. — Discours sur la guerre, prononcé à la Société des Amis de la Constitution le 2 janvier 1792 — Rapport sur les principes de morale politique qui doivent guider la Convention nationale dans l'administration intérieure de la République. — Rapport sur les rapports des idées religieuses et morales avec les principes républicains et sur les fêtes nationales an II. Pièces très rares

1639. **Divorce.** 2 pièces en 1 vol. in-8, demi-rel., veau, n. rogné. . . . . . . net 6 fr.

Du Divorce, considéré au XIXe siècle relativement à l'état domestique et à l'état public de société, par L. G. A. B. (Bonald). *Paris. Le Clerc*, 1801. — Pétition à l'Assemblée nationale, par Montaigne, Charron, Montesquieu et Voltaire; suivie d'une consultation en Pologne et en Suisse, par Hennet *Paris*, 1791.

1640. DOLIVIER (Pierre), professeur d'histoire à l'Ecole centrale du département de Seine-et-Oise. **Essai sur les funérailles** *Versailles, Jacob,* an IX. in-8, demi-rel., bas. dos orné, n. rogné. . . . . . . net 4 fr.

1641. DOPPET (général). **Mémoires** politiques et militaires. *Paris, Beaudoin,* 1824. in-8, br. . . . . net 4 fr.

1642. **Doutes** d'un provincial. proposés à messieurs les médecins-commissaires chargés par le Roi de l'examen du magnétisme animal (par Fervent), pet. in-8, demi-rel. v. dos orné. *Rare*. . . . . net 4 fr.

1643. DUBOIS-CRANCÉ. **Analyse** de la Révolution française depuis l'ouverture des Etats Généraux jusqu'au 18 brumaire an IV, publ. par Th. Iung. *Paris, Charpentier,* 1884. in-8. br. *Papier de Hollande*. net 6 fr.

1644. DUCANCEL. **L'intérieur** des Comités révolutionnaires ou les Aristides modernes, comédie en 3 actes. *Paris, Barba,* an V. in-8, cart. . . . . net 3 fr. 50

1645. DUCLOS. **Mémoires** secrets sur les règnes de Louis XIV et Louis XV. *Paris, Buisson.* 1791. in-8, veau. . . . . . net 7 fr.

1646. DUCOEURJOLY. **Trois heures d'amusement** ou le nouveau comus, contenant des tours de cartes, des problèmes d'arithmétique, de géométrie et de physique, les plus faciles, les plus agréables et les plus intéressants. *Paris, Au grand Buffon,* 1813. in-12, basane. . . . . net 4 fr.

1647. DU GAST DE BOIS SAINT-JUST. **Paris,** Versailles et les provinces au XVIIIe siècle; anecdotes sur la vie privée de personnages connus sous les règnes de Louis XV et Louis XVI. *Paris* et *Lyon,* 1809. 2 vol. in-8. bas. . . . . net 10 fr.

1648. DUMONT. **Souvenirs** sur Mirabeau et sur les deux premières assemblées législatives, ouvrage posthume publ. par Duval. *Bruxelles.* 1832. in-18. demi-rel. *Rare*. . net 5 fr.

1649. DUPERIER (Romain). **Les verroux** révolutionnaires, poëme héroï-comique en douze chants, dédié au 9 thermidor. *Bordeaux, s. d.* in-8. cart. *Portrait*. . net 5 fr.

Ce volume contient l'histoire de l'Espion des Prisons, que l'on nommait Mouton, avec des particularités très intéressantes.

1650. DURAND de MAILLANE. **Histoire** de la Convention nationale, suivie d'un fragment historique sur le 31 mai, par le Comte de Lanjuinais. *Paris, Beaudoin,* 1825. in-8, br. . . . . net 4 fr.

1651. DUSAULX. 3 pièces en 1 vol. in-8, basane. . . . . net 5 fr.

De l'Insurrection parisienne et de la prise de la Bastille, 1790. — Mémoires sur la vie de Dusaulx écrits par sa veuve. — Lettre au citoyen Rœderer sur la religion. an III.

1652. — **De l'Insurrection** parisienne et de la prise de la Bastille. *Paris, Debure*, 1799. Mémoires sur la vie de J. Dusaulx écrits par sa veuve. *Paris, Didot*, 1801. En 1 vol. in-8, bas. . . . . net 6 fr.

On a ajouté à cet exemplaire une lettre sur la religion de J. Dussault au citoyen Rœderer.

1653. DUVAL (G.). **Souvenirs** thermidoriens. *Paris, Magen*, 1844. 2 vol. in-8, demi-rel. *Rare*. . . . . net 15 fr.

1654. ECKARD. **Mémoires** historiques sur Louis XVII, roi de France et de Navarre, suivis de fragments historiques recueillis au Temple par M. de Turgy. *Paris, Nicolle*, 1818, in-8, demi-rel. . . . . net 8 fr.

Joli portrait de Louis XVII et de la duchesse d'Angoulême.

1655 **Eclaircissements** historiques sur les causes de la révocation de l'Edit de Nantes et sur l'état des protestants en France (par de Rulhières). *S. L.* 1788. 2 v. in-8, veau . . 6 fr.

1656. **Elisabeth de France**, sœur de Louis XVI, tragédie en trois actes en vers (par Gamot). *Paris, Robert*, 1797. 47 pages in-8, dérelié. *Joli frontispice gravé*. net 6 fr.

1657. **Eloge** de quelque chose suivi de l'éloge de rien. *Paris, chez Mercier, de Compiègne*, an III. in-8, cart. . net 3 fr. 50

1658. **Espion** (l') **dévalisé**. *Londres*, 1782. in-8, cart. non rog. . . . net 20 fr.

A toutes marges, belle condition d'un volume recherché.

1659. **L'Esprit del tens** ou la reboulu-ciou de quatre-bints-naoü, poëme par Maître Jacques de Pamiers, (le Dr J. Ourgaud, ancien maire de la ville). *Pamiers, Vergé*, 1857. *Dessins de Raffet*. — Opinion des journaux sur le poëme de Maître Jacques, de Pamiers. En 1 vol. in-12, demi-rel. v. tête dorée. . . . . net 5 fr.

1660. **Essais historiques** sur la vie de Marie-Antoinette d'Autriche, reine de France, pour servir à l'histoire de cette princesse. *Londres* et *Rome*, 1789. 2 parties, 2 vol. in-8, cart. . . . . net 30 fr.

Très rare ; cet ouvrage n'était pas dans les ventes Pochet-Deroche et Nadaillac.

Attribué à Marat et très probablement par Brissot. Note de M. Auguste Dide dont l'exlibris se trouve dans l'exemplaire.

1661. **Etats généraux** (Des) et autres Assemblées nationales (par Meyer). *Paris, Buisson*, 1788. 18 vol. in-8, d.-rel. . . net 30 fr.

1662. **Examen politique** sur les émigrés ; où l'on prouve que leur proscription est injuste ; qu'une paix solide ne peut se faire sans une amnistie en leur faveur, par P.-P.-L. *Paris, Collin*, an VIII. in-8, d.-rel. veau. dos orné, n. rog., mouillures . . . net 6 fr.

1663. **Examen de la procédure criminelle** instruite à St-Leu, à Pontoise et devant la Cour de Paris, sur les causes et les circonstances de la mort du duc de Bourbon, prince de Condé. *Paris*, 1832. in-8, demi-rel. Plans. net . . . . 4 fr.

1664. **Extrait d'un dictionnaire inutile**, composé par une Société en commandite et par un homme seul (par Galais). *A 500 lieues de l'Assemblée nationale*, 1790, in-8, cart., *non rogné, exemplaire à toutes marges* net . . . . 10 fr.

Le même, cart. avec une curieuse figure. net . . . . 10 fr.

1665. **La Fable de Christ** dévoilée ou lettre du muphti de Constantinople à Jean-Ange Braschy, muphti de Rome. *Paris, Desenne*. an II. in-8, d.-rel. *Frontispice* . . . . net 4 fr.

1666. FABRE (Le C.), Ingénieur des ponts et chaussées du département du Var. Essai sur la théorie des torrents et des rivières. Paris, Bidault, 1797 In-4, cart., n. rog., net 6 fr.

1667. **Fac similé** du testament de Louis XVI, gravé par P. Piquet, accompagné d'une notice historique contenant des détails intéressants et inconnus sur le testament de Louis XVI et sur l'origine du testament de la reine, par Audot, *Paris, s.d.* (vers 1820), in-4. cart., n. rogné . . . . net 7 fr.

1668. FAUCHET (l'Abbé), L'Abbé Fauchet peint par l'abbé Voilmeron, 1791. — Vie de l'abbé Fauchet par l'abbé Voilmeron, 1791. — La puce à l'oreille du bonhomme Richard, capitaine de la garde non soldée à Paris, 1791. En 1 vol. in-8 demi-rel. v., dos orné. net. 8 fr.

1669. FAUCHET (l'Abbé). De la Religion nationale. *Paris*, 1789, in-8, d.-rel. veau, net . . . . 3 fr. 50

1670. **Faujas de Saint-Fond.** Description des expériences de la machine aérostatique de MM. Montgolfier et de celles auxquelles cette découverte a donné lieu. *Paris*, 1784, in-8, v. m., dos orné . . . . net 7 fr.

9 figures dont 1 frontispice par Lorimier, gravé par De Launay, 1 figure gravée par Bertault : les autres non signées.

1671. FERRAND (A.). **Eloge historique** de Mme Elisabeth de France, suivi de plusieurs lettres de cette princesse. *Paris, Desenne*, 1814. in-8, demi-rel. . . . . . net 3 fr. 50.

1672. FIEVÉE (J.). **Correspondance** politique et administrative, commencée au mois de mai 1814. *Paris, Lenormant*, 1815-1821. 20 parties en 5 vol. in-8, dem.-rel. . net 12 fr.

1673. — **Des opinions** et des intérêts pendant la Révolution. *Paris*, 1809. in 8, basane. . . . . net 3 fr. 50.

1674. **Finances.** Discours sur les monnaies, prononcé le 7 janvier 1791 par Saurine. Observations sur la monnaie moulée, décrétée à l'Assemblée nationale d'après le projet de l'Abbé Rochon, présenté par Millet. De la nécessité et des moyens d'anéantir toutes les exemptions en matière d'impôt, par un cit. de Montpellier. Organisation de la régie générale des impôts nationaux, par Doublet. Rapport sur la dette publique, par Cambon. Rapport sur l'emprunt forcé d'un milliard, par le cit. Ramel, etc., 8 pièces en 1 vol. in-8, d.-rel. veau. . . . . net 7 fr.

1675. FOURNIER. **Nouveau dictionnaire** portatif de bibliographie, précédé d'un précis sur les bibliothèques et sur la bibliographie. *Paris, Fournier*. 1809. in-8, dem.-rel. net. 3 fr. 50.

1676. FOURNEL (V.). **L'évènement** de Varennes. *Paris, Champion*, 1890 in-8, br. *Plan*. . . . . net 3 fr. 50.

1677. **France Libre** (La), par Camille Desmoulins. *S. L.*, pet. in-8, cart. *Rare*. net 4 fr.

1678 **La France Républicaine** ou le miroir de la Révolution française, poëme en 10 chants, par F. Pages. *Paris*, 1793. in-8, br. . . . . net 3 fr. 50.

1679. **La France sous le règne** de la Convention, par le vicomte F. de Conny. *Paris*, 1820. in-8, dem.-rel. . . . . . net 3 fr. 50.

1680. FRÉRON. **Mémoire** sur la réaction royale et sur les massacres du Midi. *Paris*, an IV. — Mission de Fréron dans les départements des Bouches-du-Rhône, Vaucluse, Drôme, Gard, des Hautes et Basses-Alpes et du Gard. 2 pièces en 1 vol. in-8, cart. *Toutes marges*. . . . . net 7 fr.

1681. **Galerie** (La) des Etats Généraux (par le Marquis de Luchet, Ch. de Laclos, Rivarol, Mirabeau.) S. L. 1789. 2 tomes en 1 vol· in-8, rel. . . . . net 3 fr. 50

1682. GALIANI (l'abbé). **Dialogues** sur le commerce des bleds. *Londres*, 1770, in-8, v. marbré. tr. dor. . . . . net 3fr. 50.

1683. GALLOIS (Léonard). Histoire des journaux et des journalistes de la Révolution française (1789-1796). *Paris*, 1845. 2 vol. gr. in-8, d.-rel. veau. Nomb. portraits. net. 18 fr.

1684. GARAT. **Mémoires**, avec une préface par E. Maron. *Paris. Poulet-Malassis*. 1862, in-12, br. *Epuisé et Rare* . . . . net 6 fr.

1685. GASTINEAU. **Les Amours** de Mirabeau et de Sophie Monnier, suivis des lettres choisies de Mirabeau à Sophie, par J. Janin. *Paris*, 1865, in-8, br. *Portrait*. . . net 4 fr.

1686. **Le Génie de la Révolution** considéré dans l'éducation ou mémoires p. s. à l'histoire de l'instruction publique depuis 1789 (par J.-B. Pabry). *Paris*, 1817. 3 vol. in-8, bas. net. . . . . 8 fr.

1687. **Georges Dandin** ou l'échelle matrimoniale de la Reine d'Angleterre; petit conte national trad. par l'auteur de la Maison politique que Jacques a bâtie. *Paris*, *Ponthieu*, 1820. in-8, cart. . . . . net 10 fr.

Curieux et rare, orné de comiques figures sur bois.

1688. GEORGEL. **Mémoires** p. s. à l'histoire des événements de la fin du XVIIIe siècle depuis 1760 jusqu'en 1806-1810. *Paris*, 1817. 6 vol. in-8, br. . . . . net 15 fr.

1689. GONCOURT (E. et J. de). **Histoire de Marie-Antoinette**, édition ornée d'encadrements à chaque page, par Giacomelli, et de 12 planches hors texte d'après les originaux. *Paris*, 1878. in-4, br. . . . . . . net 15 fr.

1690 GOUGES (Mme de). **Théâtre**. 2 pièces en 1 vol. in-8, d. rel. bas. . . . . net 4 fr.

Mariage inattendu de Chérubin, comédie, 1788. — Le Philosophe corrigé ou le cocu supposé, comédie, *s. d.*

1691. GOUGES. (Mme de). **Théâtre**, 8 pièces, in-8, br . . . . net. 12 fr.

Le mariage inattendu de Chérubin, comédie, 1786 — L'homme généreux, drame, 1786. — Molière chez Ninon ou le siècle des grands hommes, pièce épisodique, 1788. — Le couvent ou les vœux forcés, drame, 1792. — L'esclavage des noirs, drame, 1792. — Le philosophe corrigé ou le cocu supposé. comédie, s. d. *Taches*. Adresse aux représentants de la nation. — Bouquet national, couplet sur l'air *Belle Rémonde*.

1692. **Grands tableaux** magiques des fameuses suppressions faites par la très grande et très infaillible assemblée prétendue nationale, par l'auteur de la trahison contre l'État ou les Jacobins dévoilés. *Paris, de l'imp. de Roger-Bontemps*, l'an II de l'anéantissement de tout ordre; in-8, dem.-rel., dos orné, net . . . . 3 fr. 50.

1693. GRANIER DE CASSAGNAC. **Histoire** des Girondins et des massacres de Septembre. *Paris*, *Dentu*, 1860, 2 vol. in-8, d.-rel., chag., net . . . . 12 fr.

1694 — Histoire des Girondins et des massacres de Septembre. *Paris*, *Dentu*, 1860. 2 vol. in-12, dem.-rel. *Epuisé*., . net. 6 fr.

1695. — Histoire du Directoire. *Paris*, *Furne* et *Plon*, 1851, 3 volumes in-8. brochés net.. . . . . 16 fr.

1696. GREGOIRE. **Les Ruines de Port-Royal** des champs en 1809, année séculaire de la destruction de ce monastère. *Paris*, *Levacher*, 1809. in-8, d.-rel, n. rogné. *Portrait ajouté*. net. . . . . 9 fr.

1697. GRILLE (Fr.). **Le bric-à-brac**, avec son catalogue raisonné. *Paris*, *Ledoyen*, 1853, 2 vol. in-12 cart. non rognés. net . 6 fr.

1698. GROUCHY (Maréchal de). **Mémoires** publiés par le marquis de Grouchy. *Paris*, 1873, 5 vol. in.-8, br.. . . . . . net. 25 fr.

1699. GUIFFREY. **Les Conventionnels**, listes par départements et par ordre alphabétique des députés et des suppléants à la Convention nationale. *Paris*, 1889, in-8, broché. Net. . . . . 3 fr. 50.

1701. GUIPAVA. **Les Tableaux du museum** en vaudevilles. *Paris*, an IX. in-18, d.-rel. *ébarbé. Figures en couleurs*. . . net 4 fr.

1702. HAM. **Août 1832 - novembre 1832**, par un ancien attaché à la présidence du Conseil des derniers ministres de la Restauration. Nettement. *Paris*, 1835. in-8, dem.-rel. n. rog. . . . . net 3 fr. 50.

1703. HAMEL. (Ernest). **Histoire** de Robespierre d'après des papiers de famille, les sources originales et des documents inédits. *Paris*, *Lacroix*, 1865. 3 vol. in-8, d.-rel. chag. *Epuisé*. . . . . net 30 fr.

Epuisé et rare.

1704. — **Histoire** de Saint-Just, député à la Convention nationale. *Bruxelles*, s. d. 2 vol. in-12, br. *Epuisé*. . . . . . . net 5 fr.

Le même, 2 vol. in-12, dem.-rel. net 6 fr.

1705. HENNIN. **Histoire** numismatique de la Révolution française, ou description raisonnée des médailles, monnaies et autres Monuments numismatiques relatifs aux affaires de la France. *Paris*, *Merlin*, 1826. in-4, d.-rel. chag. bleu, coins n. rogné. net . . . . 50 fr.

Nombreuses planches, bel exemplaire d'un ouvrage rare et recherché.

Ex-libris. Auguste Dide.

1706. HENNET. **Du Divorce**. *Paris*, 1792. in-8, d.-rel. v. dos orné, n. rogné. net 4 fr.

1707. **Histoire** de la conjuration de Louis-Philippe-Joseph, duc d'Orléans, etc., par l'auteur de l'histoire de la conjuration de Robespierre. *Paris*, 1796. 3 vol. in-8, d.-rel. *Portrait*. . . . . net 8 fr.

Le même. Paris, 1834. 3 vol. in-8, br. *Portrait*. . . . . net 7 fr.

1708. **Histoire** de la conjuration de Robespierre. *Lausanne*, 1795. in-8, d.-rel. veau, dos orné, n. rogné. . . . . net 8 fr.

1709. **Histoire** du Donjon et du château de Vincennes, depuis leur origine jusqu'à l'époque de la Révolution, par L. B. (Nougaret). *Paris*, 1807. 3 vol. in-8, bas. *Figures*. . net 15 fr.

1710. **Histoire** des Jacobins, depuis 1789 jusqu'à ce jour où état de l'Europe en novembre 1820 (par Lombard, de Langres). *Paris*, *Gide*, 1820. in-8, demi-reliure, net . . . . 3 fr. 50

1711. **Histoire** de Louis-Philippe-Joseph, duc d'Orléans et du parti d'Orléans, par Tournois. *Paris*, *Au Palais-Royal*, 1846, in-12, br. net . . . . 3 fr. 50.

1712. **Histoire** de Marie-Antoinette, par Ed. et Jules de Goncourt. *Paris*, *Didot*, 1858, in-8, d. rel. chag., *non rogné*, *légère mouillure*. . . . . net 12 fr.

Edition originale.

1713. **Histoire** d'un pou françois ou l'espion d'une nouvelle espèce, tant en France qu'en Angleterre (par de Launay). *Paris*, 1781, in-8. . . . . 4 fr.

Le même, v. marb. . . . . . . net 5 fr.

1714. **Histoire secrète de la Cour de Berlin** ou correspondance d'un voyageur françois depuis le 5 juillet 1786 jusqu'au 19 janvier 1787. S. l., 1789. 2 tomes en 1 vol. in-8, veau. . . . . net 12 fr.

A la fin du volume se trouve l'arrêt du Parlement qui condamne l'ouvrage au feu.

1715. HUARD (A.). **Mémoires** sur Charlotte Corday, d'après des documents authentiques. *Paris, Roudiez*, 1866, in-12. br. *Epuisé*. net . . . . 3 fr. 50.

1716. HUE (François). **Dernières** années du règne et de la vie de Louis XVI. *Paris, Imp. Royale*, 1814, in-8, d.-rel., portraits. net 6 fr.

1717. **Les Inconvénients** du célibat des prêtres (par l'Abbé Gaudin). S. l., 1790, in-8, basane. . . . . net 5 fr.

1718. JACOBINEIDE (La). Poëme héroï-comicivique. *Paris, au bureau des Sabats Jacobites*, 1792, in-8, cart . . . . . net 10 fr.

Avec 12 caricatures, par Marchant, auteur des Sabats Jacobites.
Très rare.

Le même, non rogné, d. rel, veau, dos orné, net. . . . . 14 fr.

1719. **Les joueurs** et M. Dusaulx, Agrissinal chez Lescot, 1781, in-12, dem.-rel. v., dos orné. . . . . net 4 fr.

1720. **Journal** de M. Suleau, 1791 et 1792. 12 numéros (premier abonnement complet). On a joint à ce Journal le numéro d'introduction, le réveil de Suleau, suivi du prospectus du journal politique que le public lui demande. *Paris, de l'Imp. de l'homme sans-peur*, 1791. — Etude sur François Suleau, par Auguste Vitu (exemplaire remonté), en 1 vol. in-8, cart., parchemin vert, dos orné. . . . . net 15 fr.

Rare.
Quelques numéros du journal sont plus courts que les autres, légères mouillures.
Ex-libris Auguste Dide.

1721. **Journal** des Etats généraux, à commencer du 27 mai 1789, jour de leur ouverture. Tomes I, III et IV, 3 vol. in-8, cart. net 6 fr.

Manque la table du tome I.

1722. **Journées** mémorables de la Révolution française. *Paris*, 1826. 6 vol. in-32, demi-reliure. . . . . net 12 fr.

1723. JUNG (Th.). **Dubois-Crancé**, mousquetaire, Constituant, Conventionnel, général de division, Ministre de la Guerre. 1747-1814. *Paris, Charpentier*, 1884. 2 vol. in-12, br. *On a ajouté à l'exemplaire une lettre aut. s. du général Jung*. . . . . . . net 6 fr.

1724. KLEBER. **Recueil** des pièces relatives à la procédure et au jugement de Soleyman El-Hhaleby, assassin du général en chef Kléber. *Au Kaire*, de *l'Imp. Nationale an VIII*, in-8, cart., n. rog. *Rare. Portraits de Kléber ajoutés* . . . . net 15 fr.

Textes français, arabe et turc.

1725. LACROIX (S.). **Actes** de la commune de Paris pendant la Révolution. *Paris*, 1895. 3 vol. in-8, br. . . . . net 12 fr.

Le même, tome I et II . . . . net 8 fr.

1726. LAIRTULLIER. **Les femmes** célèbres de 1789 à 1795 et leur influence dans la Révolution. *Paris, France*, 1840. 2 vol. in-8, br. . . . . net 8 fr.

1727. LA HARPE. 3 pièces en 1 vol. in-8, demi-rel. . . . . net 6 fr.

De la guerre déclarée par nos derniers tyrans à la raison la morale, aux lettres et aux arts, 1794. — De l'état des lettres en Europe depuis la fin du siècle qui a suivi celui d'Auguste, jusqu'au règne de Louis XIV, 1796. — Du fanatisme dans la langue révolutionnaire, 1797.

1728. — **Du fanatisme** dans la langue révolutionnaire. *Paris, Migneret*, 1797, in-8, cart. n. rogné. . . . . net 4 fr.

1729. LALOY (P. A.). 6 pièces en 1 vol. in-8, d. rel. veau, dos orné . . . net 5 fr.

Réflexions sur le projet de résolution relative aux suspensions de ventes de domaines nationaux — Dernières réflexions de P. A. Laloy — Message extrait du registre des délibérations des Consuls de la République — Rapport fait par Ludot sur le message des Consuls — Rapport de P. A. Laloy sur le message du Directoire exécutif concernant la loi qui doit déterminer le genre de preuves nécessaires aux ci-devant nobles — Opinion de Laloy sur l'adoption nationale et ses effets — Observations de Laloy sur le manuel des agents et adjoints municipaux — Observations de Laloy sur l'Annuaire régulateur des fonctionnaires publics.

1730. **L'an mil sept cent quatre-vingt-neuf** ou la vérité au pied du trône. *Genève*, 1789, in-8, demi-rel. v., dos orné, n. rog. net 4 fr.

1731. LANFREY (P.). **Essai** sur la Révolution française. *Paris, Chamerot*, s. d. in-8, d.-rel. chag., n. rogné. . . . . net. 5 fr.

1732. LATUDE. **Le Donjon de Vincennes**, la Bastille et Bicêtre ou mémoire de M. Masers de Latude, détenu pendant 39 ans. *S. l.*, 1787. in-8, cart., n. rogné. *Portrait ajouté*. net . . . . 6 fr.

1733. LAURENTIE. **Histoire** des ducs d'Orléans. *Paris*, 1832. 4 vol. in-8, br. net 8 fr.

1734. **Histoire** du duc d'Orléans (L.-P.-J.-Egalité). *Paris*, 1832. in-8, demi-rel. net . . . . 3 fr. 50.

1735. LAUZUN (Duc de). **Mémoires**. *Paris, Barrois*, 1822. in-8, cart. Taches. *Très rare*. net . . . . 5 fr.

1736. LA VICOMTERIE. **Les Crimes** des Rois de France depuis Clovis jusqu'à Louis XVI, avec gravures, *Paris*, 1791. in-8, veau. *Bel exemplaire* . . . . net 4 fr

1737. — **Les Crimes** des Papes depuis saint Pierre jusqu'à Pie VI Paris, 1793. in-8, *basane Exempl. bien complet des figures* net 7 fr.

1738. — **Les Crimes** des empereurs d'Allemagne depuis Lothaire I jusqu'à Léopold II. *Paris*, 1793. in-8, demi-rel. *Figures*. net 4 fr.

Le même, broché . . . . net 3 fr.

1739. **La vraie maçonnerie** d'adoption, précédée de quelques réflexions sur les loges irrégulières et sur la société civile avec des notes critiques et philosophiques et suivie de cantiques maçonniques. *Philadelphie, chez Philarethe, rue de l'Equerre-à-l'Aplomb*, 1787. in-18. cart., n. rogné . . . . . . net 7 fr.

Très rare.

1740. LEBER. **Des cérémonies** du sacre ou recherches historiques et critiques sur les mœurs, coutumes, institutions et droit public des Français dans l'ancienne monarchie. *Paris* et *Reims*, 1825. in-8, demi-rel., *nombreuses figures*. . . . . net 12 fr.

1741. LEBON (E.). **Joseph Lebon**, dans sa vie privée et dans sa carrière politique. *Paris*, 1861, in-8, br . . . . net 4 fr.

Le même, d.-rel. veau, vert, avec un portrait et un autographe ajouté. . . net 7 fr.

1742. LE BRUN. **Odes républicaines** au peuple français, composées en brumaire l'an IIe, précédées de l'ode patriotique sur les événements de l'année 1792. *Paris*, de l'Imprimerie nationale des Lois an III. in 8, cart., non rogné, rare en cet état. . . . net 12 fr,

Envoi autographe de l'auteur au citoyen Aubert.
Ex-libris, Auguste Dide.

1743. LECOCQ (Georges). **La prise de la Bastille** et ses anniversaires. *Paris, Charavay*, 1881, fort. vol. in-12, br., papier de Hollande. net . . . . 4 fr.

1744. **Le pour et le contre.** Recueil complet des opinions prononcées à l'Assemblée conventionnelle dans le procès de Louis XVI; on y a joint toutes les pièces authentiques de la procédure. *Paris, Buisson*, an I. 7 vol. in-8, basane . . . . net 20 fr.

1745. **Lettre de Camille Desmoulins au Général Dillon en prison aux Madelonettes.** *Paris, Migneret*, 1793. in-8, cart., *Piqûres et mouillures*. . . . . net 6 fr.

Rare.

1746. **Lettres de cachet** (des) et des prisons d'Etat, ouvrage posthume, composé en 1778, attribué au comte de Mirabeau. *Hambourg*, 1782. in-8, dérelié. . . . net 4 fr. 50

1747. **Lettres** sur les états généraux de 1789 du 4 mai au 15 novembre, par le duc de Biron, duc de Lauzun, publiées par Maistre de Roger de la Lande. *Paris*. 1865. in-8, br. *Portrait* . . . . net 3 fr. 50.

1748. **Lettres** de L.-B. Lauraguais à Mme ***. *Paris*, 1802. Lettres de Mirabeau à Chamfort, an V. En 1 vol. in-8, cartonnage primitif net . . . . 6 fr. 50.

1749. LESUIRE. **Le Législateur** de chrétiens ou l'Evangile des Déicoles. *Paris*, an VI, in-18, cart., toutes marges. . . net 4 fr.

1750. LESCURE. **La vraie** Marie-Antoinette, étude historique, politique et morale. *Paris, Dupray de la Maherie*, 1863. in-8, d,-rel., chag., n. rogné . . . . net 4 fr.

Le même, broché, avec portrait. net 4 fr.

1751. LINGUET. **Mémoires sur la Bastille.** *Londres*, 1783. in-8, cart. . . net 3 fr. 50.

Exemplaire avec le frontisp. gravé, représentant la statue de Louis XVI sur les ruines de la Bastille.

1752. — **Œuvres.** *Londres*, 1784. 6 tomes en 5 vol in-12, veau. . . . . net 10 fr.

Du plus heureux des gouvernements. — Du pain et du blé. — Théorie des lois civiles.

1753. **L'Isle des Philosophes** et plusieurs autres, nouvellement découvertes, et remarquables par leurs rapports avec la France actuelle, 1790. in-12, demi-rel. v., dos orné. net . . . . 3 fr. 50

1754. **Livre rouge.** Premier et second registre des dépenses secrètes de la Cour, connus sous le nom de livres rouges, apportés par des députés des corps administratifs de Versailles le 28 février 1793. *Paris, Imprimerie nationale*, 1793. 2 part. en 1 vol. in-8, demi-rel., veau rouge. . . . net 7 fr.

1755. **Livre rouge.** *Paris, Baudoin*, 1790. in-8, demi-rel., veau rouge . . . . net 8 fr.

Dépouillement du livre rouge depuis le 19 Mai 1774 jusqu'au 28 août 1789. — Addition au livre rouge ou démonstration de la vérité. Faits et calculs précis sur le traitement de MM de Ségur. — Réponse aux observations du comte de Ségur — Réponse aux observations de Necker et de M. de Montmorin -- Etat de comptant et des restes de l'année 1783 — Correspondance du Comité des pensions avec les ministres et ordonnateurs, 17 numéros — Rapports et second rapport du Comité des pensions à l'Assemblée nationale, 18 pièces.

1756. **Logographe** (Le). Journal national, rédigé par Le Hodey d'après le procédé des membres de la Société logographique, du no 61 au no 316, en 2 cartons in-fol. net 50 fr.

Très rare et intéressant journal donnant in-extenso, le compte rendu des débats parlementaires. Il manque à cette collection les 60 premiers numéros et les suivants : 67, 80, 95, 96, 101, 118, 140 à 142, 175, 189, 191, 209, 229, 230, 231, 236, 240, 243, 244.

1757. LOIZEROLLES (de). **Captivité** de Saint Louis II et son martyre, contenant les journées des 5 et 6 octobre 1789, du 20 juin et du 10 août 1792. *Paris*, 1814. in-8, demi-rel. *Frontispice*. . . . . net 3 fr. 50

1758. LOMENIE (L. de). **Les Mirabeau.** *Paris, Dentu*, 1879 2 vol. in-8, br. net 7 fr.

1759. — (L. de). **Les Mirabeau** nouvelles études sur la société française au XVIIIe siècle. *Paris, Dentu*, 1889. 5 vol. in-8, br. net 15 fr.

1760. **Louis XVI** (La mort de), tragédie, suivie de son testament et d'une lettre à son confesseur, 1797. Fig. **La mort** de Marie-Antoinette d'Autriche, tragédie en cinq actes, faisant suite à la mort de Louis XVI, 1797. En 1 vol. in-18. cart. . . . . . . net 5 fr.

Portraits en médaillon.

1761. **Louis XVI.** Plaidoyer pour Louis XVI par de Lally-Tolendal. *Londres*, 1793. — Mémoire justificatif pour Louis XVI, ci-devant roi des Français, en réponse à l'acte d'accusation qui lui a été lu à l'Assemblée nationale par A. Jeudy du Gour. *Paris*, 1793. En 1 vol. in 8, bas . . . . net 5 fr.

1762. LUCHET. **Les Contemporains** de 1789 et 1790 ou les opinions débattues pendant la première législature. *Paris, Lejay*. 1790. 3 vol. in-8, basane. . . . . . . net 8 fr.

1763. **Lyon** en 1793. Procès-verbaux authentiques et inédits du Comité de surveillance de la section des droits de l'homme. *Lyon, Mothon*, 1867. in-8, demi-rel. *Fac-similés*. Rare. . . . . net 10 fr.

1764. MAGNANT (L.-G.). **Madame**, duchesse de Berri. *Paris, Dentu*, 1832. in-8, cart. non rog. *Portrait*. . . . . net 6 fr.

1765. MAISTRE (J. de). **Considérations** sur la France. *Londres* (Bâle), 1797. in-8, demi-rel. veau. . . . . net 5 fr.

Edition originale.

1766. MALLET DU PAN. **Considérations** sur la nature de la Révolution de France. *Londres* et *Bruxelles*, 1793. in-18, demi-rel. net. . . . . 3 fr.

1767. — **Correspondance** inédite avec la Cour de Vienne, 1794-1798, publiée par A. Michel. *Paris, Plon*, 1884. 2 vol. in-8, br. net. . . . . 8 fr.

1768. MANDAR. **Le Génie** des siècles. *Paris*, an IV. in-8, bas., rel. primitive. net . . . . 3 fr. 50

1769. MANUEL. **La Police** de Paris dévoilée. *Paris*, an II. 2 tomes en 1 vol. in-8, veau. . . . . net 10 fr.

Curieux détails sur la police des filles et des procès-verbaux de personnes trouvées chez elles ; l'auteur était l'un des administrateurs de la police en 1789. Rare.

1770. **Marat** inconnu, l'homme privé, le médecin et le savant, par le Dr Cabanès, 1891, papier de Hollande — Notice sur le Marat de Louis David, 1867. Ensemble 1 vol et 1 br. net . . . . 3 fr. 50

1771. MARECHAL (Sylvain). **Le Jugement** dernier des rois, prophétie en prose. *Paris. Patris*, an II, in-8, cart., *rare*. net 3 fr. 50

1772. **Marine et Colonies**, 14 pièces en 1 vol. in-8, demi-rel., veau, dos orné, net. . . . . 10 fr.

Observations des députés de Marseille sur le mémoire de Duprez et Roch, relativement au commerce des draps dans le Levant, 1790. — Justice des vaisseaux, des arsenaux et des chiourmes, par Dejean. 1790. — Rapports et projets de décret sur les Consulats de France en pays étrangers, par Granet (de Toulon). — Discours des députés de la Marine à l'Assemblée nationale, par Espaing. — La nation française peut obtenir des avantages importants du rapprochement de la marine militaire et de la marine marchande, par marquis de Sysierre. — Opinion d'un patriote sur la nécessité de construire un canal de Paris à Dieppe — Moyens proposés pour rétablir la paix et l'ordre dans les colonies, par Armand-Guy Kersaint, 1792. — Discours de Kersaint sur l'organisation provisoire du service de mer, prononcé à la séance du 31 mai 1792. — Motions d'ordre sur l'importance et la nécessité d'entretenir en France une marine respectable, par Louchel, an III. — Mémoire sur la nécessité et la possibilité de mettre l'arsenal de Brest à l'abri d'un incendie. — Résultats de la Révolution quant au commerce, à la Marine et aux colonies. — Correspondance du citoyen Constantini avec le citoyen Monge, ministre de la marine, concernant les approvisionnements des arsenaux, *s d*. — Discours sur l'état de l'Angleterre et les conséquences de la guerre maritime avec ce pays, par Guy Kersaint, 1793. — Opinion de Kersaint sur l'artillerie de la marine, 1792. — Lettre des commissaires de la colonie de Saint-Domingue au roi, 1788. — Tableau des ministres ou mémoires et constitutions sur le projet d'une république à Saint-Domingue, 1790.

1773. **MARIE-ANTOINETTE. Jugement** du tribunal criminel et révolutionnaire, établi par la loi du 10 mars dernier, qui condamne à la peine de mort Marie-Antoinette d'Autriche, veuve de Louis Capet. In-4 de 4 pages, demi-rel. veau. . . . . net **12** fr.

Très rare.

1774. **MARIE-ANTOINETTE, Louis XVI** et la famille royale, journal tiré des mémoires secrets p. s. à l'histoire de la république des lettres. Mars 1763-février 1782. *Paris*, 1866, in-12, br. *Très rare*. . . . net 5 fr.

1775. **MAZE** (Hippolyte). Le général Marceau, sa vie, sa correspondance d'après des documents inédits. *Paris*, *Martin*, 1889, in-8, br. . . . . net 4 fr.

Le même, cart. . . . . . . net 4 fr. 50

1776. **Mélanges**. 16 pièces en 1 vol. in-8, demi-rel., v. . . . . net 7 fr.

Apologie de Lenoir, 1789, figures. — Dialogues entre l'archevêque de Sens et Lamoignon. — Plan de conduite donné à l'archevêque de Sens, 1789. — Lettre d'un membre d'un grand baillage de*** à son cousin — Nouveau jeu de cadrille — Lettre à Lamoignon, garde des sceaux. — Procès-verbal des tats généraux. — Epitre d'un patient de la Porte Saint-Antoine aux Français, 1789. — Procès-verbal des derniers tats généraux tenus aux enfers, e supplément, 1789 — La monarchie infernale, par un citoyen 1789 — Question d'un bon patriote. — Arrêté des communes de Paris, 1788. — Relation de ce qui s'est passé à l'occasion de la retraite de Lamoignon, etc.

1777. **Mélanges**. 4 pièces en 1 vol. in-12, demi-rel., dos orné. . . . . net 4 fr.

Conspirations des Bazinistes, épisode de la lutte entre la Gironde et la Montagne, par Dom Piolin, 1870. — Journiac-Saint-Méard devant le tribunal de l'abbaye (Massacres de septembre 1792), 1866. — La Terreur dans une ville de Province, étude historique par L. Quénault. *Coutances*, 1862. — Thomas Lunet, officier municipal de la ville d'Issoudun, 1884.

1778. **Mélanges**. 7 pièces en 1 vol. in-8, demi-rel., v. dos orné. . . . . . net 6 fr.

Continuation des causes secrètes de la Révolution du 9 au 10 Thermidor, par Vilate, an III. — Conjuration de 9 représentants contre Robespierre, par L. Lecointre. — Dernière réclamation des Bourbons à la loyauté de la nation française. — Rapport sur l'accusation de prévarication portée au nom de la commune de Haguenau contre Reguier — Les représentants détenus à la maison d'arrêt des Ecossais, à leurs collègues et au peuple français. — Les douze représentants détenus à Port-Libre à leurs collègues, 1794. — Rappelez vos collègues, an III — Pièces au rapport fait à la Convention, par Esperl, an III. — Discours de Herault sur les préparatifs de la guerre de 1791.

1779. **Mélanges**. 8 pièces en 1 vol. in-8, demi-rel., veau, dos orné. . . . . net 6 fr.

Convocation du Tiers-Etat de Saint-Omer aux Etats généraux en 1308, 1346, 1420, 1427, 1555 et 1789, par Pagart d'Hermansart, 1883. — L'ancien régime et la Révolution, par Praol, 1880. — Historique des bataillons de volontaires de la Corrèze pendant les guerres de la Révolution, par Vacher, 1882. — Un cadet en 1792, Ch. de Cornier, par J. de Vivie, 1886. — Les historiens de la Révolution française, par Pollio, 1878. — Les principes de la Révolution et le programme de 1789, par le marquis d'Andelarre, 1872 — Comment la République de 1792 est revenue dans le Berry en 1848. George Sand — Un Berrichon à Paris, la politique des monstres, par Lecherbonnier, 1885. — M.-J. Chesnier et le prince des critiques, par Félix Pyat, 1844.

1780. **Mélanges départementaux**, 10 pièces en 1 vol. in-8, demi-rel., veau, dos orné, net. . . . . 10 fr.

Aux amis de l'humanité (Boulogne-sur-Mer) — A tous les amis de la liberté et de l'égalité, par P. J. F. N. B. du Var — Délibération de la viguerie de Draguignan, 1788. — Discours de Isnard prononcé dans l'Assemblée électorale de Draguignan — Discours de Davencens, agent près la commune de Poitiers, à l'époque du 10 août — Précis des demandes de J.-J. Tribert, négociant à Poitiers. — Réponse des municipalités et gardes nationales de Loriol et de Livron à la lettre du président des pénitents de Nimes — Opinion de Chabaud de Gard sur le projet de loi relatif aux émigrés — Discours de maire de Saccomex prononcé le 14 juillet 1790 — Les délices du général Doppet. — Le cri de la République au peuple. — Appel nominal des 3 et 4 frimaire sur cette question : Y a-t-il lieu à accusation, oui ou non, contre Carrier? an III. — Rapport de Carrier sur les différentes missions qui lui ont été déléguées. — Mémoire remis au comte de Thiars par la noblesse de Rennes, 1788. - Authentique de ce qui s'est passé au château de la Touche-Porée, près de Dinan, château mis en cendres — Acte d'accusation contre les membres du Comité révolutionnaire de Rennes — Rapport de Fouché (de Nantes) sur la situation de commune affranchie, 1794. — Adresse du citoyen Brival, député de la Corrèze, à tous les habitants de son département. — Histoire du siège de Lyon

1781. **Mélanges**. 10 pièces en 1 vol. in-8, demi-rel . . . . net 5 fr.

Discours prononcé dans une Assemblée de tous les citoyens de la ville de Draguignan, 1789. — Ouverture des Etats généraux le 5 mai 1789. — Préliminaire de la Constitution, par Sieyes, 1789. — L'Assemblée nationale aux Français, 1789. — Motion de Malouet sur le discours adressé par le Roi à l'Assemblée nationale. — Lettre de Bergane, député à Lyon, à Bureau de Puzy, 1790 — Extrait du procès verbal de l'Assemblée nationale du 13 juillet 1789. — Récit de ce qui s'est passé à la séance tenue par le roi le 15 juillet. — Extrait d'une lettre d'un député de la ville de Lyon, 1789. — Observations sur la lettre de Calonne au roi, 1789. — De la religion dans les Révolutions.

1782. **Mélanges**. 5 pièces en 1 vol. in-8, v., mar. . . . . net 5 fr.

Discours sur la formation des Assemblées provinciales, 1788. — Questions sur les affaires présentes de l'Etat, 1788. — Rapport des commissaires chargés de l'examen d'un projet d'un nouvel Hôtel-Dieu, 1787. — Discours sur le luxe, par Genty, 1783. — Je m'en rapporte à tout le monde, 1788.

1783. — **Mélanges**. 3 pièces en 1 vol. in-8, demi-rel . . . . net 5 fr.

Le duel considéré dans tous les rapports historiques et moyens de l'anéantir, par Gorguereau, 1791. — Droit public de la province de Bretagne, 1789. — Essai sur l'isle d'Otahit, *Avignon*, 1779.

1784. **Mélanges**. 5 pièces en 1 vol. in-8, veau, net . . . . 6 fr.

L'Ecole des pères, comédie en cinq actes, par Peyre, 1788. Les Amis à l'Epreuve, comédie en un acte, par Peyre, 1788. — Histoire d'une détention de 39 ans, par Latude, 1787 — Lettre de M. de Beaupoil à M. Bergasse sur l'histoire de Latude, 1787. — Eloge du duc de Sully, par Thomas, 1763.

1785. **Mélanges de théologie**. 3 pièces en 1 vol. in-8, demi-rel. veau, dos orné, n. rogné. . . . . net 7 fr.

Eclaircissements historiques en réponse aux calomnies dont les protestants du Gard sont l'objet, par Lauze de Perel, 1818. — Extraits critiques du génie du christianisme, par le citoyen Fontanes, an XI. — l'aime. Le siècle de la raison ou recherches sur la vraie théologie, trad. par Lankenas, an II.

1786. **Mélanges**. 24 pièces en 1 vol. in-8, demi-rel. . . . . net 7 fr. 50

Exposition des motifs d'après lesquels l'Assemblée nationale a proclamé la convocation d'une Convention nationale. — Discours de Pétion sur l'accusation intentée contre Robespierre. — Gensonné à ses commettants, à Robespierre et à ses royalistes, par Louvet, 1792. — Les Jacobins démasqués. Grandes victoires remportées sur les intrigants. — De la Constitution, par Guy Kersaint, 1792. — Révolution française et son état lors de la Convention nationale, 1792. — La soi à ses collègues : Sur la question de la déchéance du roi. — Essais contre l'abus du pouvoir des souverains, 1775. — Dénonciation de tous les accapareurs d'argent, 1791. — Procès-verbal de la Convention, séance du 11 décembre 1792. — Le peuple de Ville-Franche à la Convention. — Discours sur la Révolution, par Hervier, 1791. — Lettre pastorale de l'évêque de Bl** au clergé de son diocèse, 1790. — Expédition de Lameth au couvent des Annonciades. — Chambre de Justice pour la recherche des vampires de l'Etat, 1793. — Discours de Robespierre du 7 prairial an II, etc.

1787. **Mélanges** 1789. 29 pièces en 1 vol. in-8, demi-rel., v., dos orné. . . net 18 fr.

Extrait du procès-verbal de l'Assemblée nationale du 20 juin. — Réunion des trois ordres à l'Assemblée nationale. — Réponse du duc d'Orléans à l'Assemblée qui l'a élu président. — Assemblée nationale, suite du 8 juillet, séance du 15. — Suite des nouvelles de Versailles, 25 juillet. — Assemblée nationale, séance XVII. — Relation de ce qui s'est passé à l'abbaye Saint-Germain, le 30 juin au soir, anecdote des deux grenadiers aux gardes françaises de la garnison de Versailles. — La semaine mémorable ou récit de ce qui s'est passé depuis le 12 jusqu'au 17 juillet. — Dialogue entre MM. de Launay, Flesselle, Foulon et Berthier aux enfers. — Mort héroïque d'un grenadier avec les secrets les plus intéressants mis au jour. — Adresse de remerciements de Mgr. Belzebuth au peuple parisien. — Le ministre de 36 heures 44 minutes et 25 secondes où le Maréchal de Broglie, perfide et traître à la nation. — Lettres des gardes-françaises au Roi. — Triomphe de la raison à MM. les gardes-françaises, suite des nouvelles de Versailles. — Le courrier de Versailles à Paris et de Paris à Versailles. — L'ouvrage de 6 jours. — Suite des nouvelles de Bretagne. — Députation du Parlement de Paris à l'Assemblée nationale. — Nouvelles de Versailles et retour de Necker. — Le rocher de la nation découvert par Necker, etc.

1788. **Mélanges.** 7 pièces en 1 vol. in-8, demi-rel., dos orné. . . . . net 5 fr.

Fragments sur les institutions républicaines, par Saint-Just, notice par Ch. Nodier, 1831. — L'Assemblée de Sorbonne ou l'histoire des Etats généraux de l'Eglise, 1789. — Chant républicain aux hommes du Nord. — Epître aux Marseillais. — Les hochets de majeunesse, par Cubières, 1780. — Les entretiens de l'autre monde, 2e partie, 1785. — Marseille, Nîmes et ses environs, 2e partie, 1815.

1789. **Mélanges.** 5 pièces en 1 vol. in-8, demi-rel . . . . net 6 fr.

Idées adressées aux notables par un Français presque sexagénaire, 1787. — Déclaration du Roi qui ordonne que l'Assemblée des Etats généraux aura lieu dans le courant de Janvier 1789. — Droit public du Comté, Etat de Provence sur la contribution aux impositions, par Bouche, 1788. — Avis salutaire au Tiers-Etat par un jurisconsulte allobroge, 1788. — Second avis important à la nation sur les vices de son gouvernement, 1788.

1790. **Mélanges.** 20 pièces en 1 vol. in-4, demi-rel., dos orné. . . . . . . net 14 fr.

Jugement du tribunal révolutionnaire qui condamne J.-J. Durand, ex-président de la ci-devant Chambre des comptes, aides et finances de Montpellier, maire de la dite commune, à la peine de mort, ainsi que Bridoux, J.-B. Goubet, M. Meniau, J.-B. Leroy et F. Gillot. — Les Parisiens à leurs frères des autres départements. — Extrait des registres de la Société régénérée de Sarlat. — Coup d'œil dans lequel se trouve la place de maire de Paris. — Conduite du maire de Paris à l'occasion des évènements du 20 juin 1792. — Nécessité d'un port militaire dans la Manche. — Mémoire pour le S. Lonvay de la Saussaye, 1775. — Opinion de Robespierre sur le procès de Louis XVI. — Des nobles et des prêtres, par le C. D***. — Etat des biens et revenus de M. d'Orléans. — Décret qui ordonne la saisie de la succession de la ci-devant princesse de Lamballe. — Adresse de la commune de Paris à la Convention nationale. — Mémoire pour le S. Dupont. — Lacuée à la Société des défenseurs de la liberté à Cahors. — Lettre des Amis de la Constitution de Saint-Germain-en-Laye aux Feuillants à Paris. — *La Marseillaise* telle qu'elle était chantée dans les cérémonies publiques. — Jugement qui supprime un imprimé intitulé : Extrait du registre des conclusions du chapitre de l'Eglise de Paris. — Discours prononcé par J.-B. Sanson, juge de paix d'Abbeville, à l'occasion de l'anniversaire de la mort du Tyran, 1794. — Le temple ode par Le Brun.

1791. **Mélanges.** 7 pièces en 1 vol. in-8, dérelié. . . . . net 4 fr.

Lettres à la noblesse de Bretagne, 1789. — Projet de réponse à un mémoire répandu sous le titre de mémoire des princes, 1788. — Instruction du duc d'Orléans pour les personnes chargées de sa procuration aux assemblées des Bailliages (rédigées par Siéyes). — Essai sur les privilèges, 1789. — Qu'est-ce que le Tiers Etat, par Siéyes, 1789. — Vues sur les moyens d'exécution dont les représentants de la France pourront disposer en 1789. — Les Etats généraux convoqués par Louis XVI. 3 pièces.

1792. **Mélanges.** 7 pièces en 1 vol. in-8, demi-rel. v., dos orné. . . . . net 4 fr. 50

Lettre à S. M., 1788. — Quels sont les remèdes aux malheurs qui désolent la France, 1790. — Exhortation à la concorde envoyée aux Etats généraux, sous le nom du roi, 1789. — Lettre du roi pour la convocation des Etats généraux à Versailles, le 27 avril 1789. — Nombre proportionnel des députés aux départements. — Credo du Tiers Etat ou le symbole politico-moral, 1789. — Projet de Constitution et loi.

1793. **Mélanges.** 11 pièces rares en 1 vol. in-8, demi-rel. v., dos orné. . . net 20 fr.

Le martyre de Marie-Antoinette, 1796, joli port. sur le titre. — Opinion sur la soumission des prêtres catholiques, 1797. — Déclaration du roi, 1793. *Curieuse pièce royaliste.* — Rapport de Dubreul sur les prêtres insermentés, an V. — Le salut public ou la vérité dite à la Convention, par La Harpe. — Rapport de Camille Jordan sur la police des cultes, an V. — La liberté de la presse défendue par La Harpe contre Chenier. — Relation de ce qu'ont souffert les prêtres internés en 1794 dans la presqu'île d'Aix près Rochefort. — Examen critique du nouveau calendrier, 1797. — Réfutation du livre de l'esprit, par La Harpe, 1797. — Du fanatisme dans la langue révolutionnaire, par La Harpe.

1794. **Mélanges.** 5 pièces en 1 vol. in-8, cart. . . . . net 5 fr.

Mémoires sur la Bastille, par Linguet, 1783, *figures* — De la dette nationale et du crédit en France, par Linguet, 1789. — Discours sur la représentation illégale de la nation provençale dans ses états actuels, par Mirabeau, 1789. — Réponse à la correspondance de M. C. et Mirabeau, 1789. — Instruction du duc d'Orléans aux personnes chargées de sa procuration, aux assemblées des Bailliages, relatives aux Etats généraux.

1795. **Mélanges.** 6 pièces en 1 vol. in-8, cart. . . . . net 4 fr.

A la nation française, sur les vices de son gouvernement, la nécessité d'établir une Constitution et sur la composition des Etats généraux, 1788. — Ouverture des Etats généraux, faite à Versailles le 5 mai 1789, discours du roi et du garde des Sceaux, rapport du directeur des Finances, 1789. — Les Etats généraux convoqués par Louis XVI. — Suite de l'écrit intitulé : les Etats généraux convoqués par Louis XVI, 2 pièces.

1796. **Mélanges.** 7 pièces en 1 vol. in-8, demi-rel. chagr. n. rogné. . . . net 8 fr.

Nouvelles considérations sur le sommeil, les songes et le somnambulisme. — Revue orientale, l'équilibre européen, 1841; sur le titre on lit : « Epreuve confidentiellement communiquée à M. Bastide, rédacteur en chef du *National* ». — Discours sur la franc-maçonnerie Orléanaise, par Doinel. *Orléans*, 1887. — Historique du premier siècle de la L... française le phénix à l'O... de Joigny, par le F... Berillon, 1886. — Martinique, affaire du sac de la maison Lota, plaidoirie de M. Numa Martineau; *Pro domo*, par A. Schneegans. *Strasbourg*, 1878. — Congrès des orientalistes, première session, 1875.

1797. **Mélanges.** 8 pièces en 1 vol. in-8, demi-rel. . . . . net 4 fr.

Le nouveau tableau de Paris, 1790. — Un petit mot de réponse à M. de Calonne, par Carra, 1787. — Lettre du Tiers-Etat à Necker, 1789. — Voyage philosophique au Japon ou conférences Anglo-Bataves, 1788, etc.

1798. **Mélanges.** 11 pièces en 1 vol. in-8, demi-rel. veau, dos orné. . . . . net 9 fr.

Observations sur la lettre de Calonne au roi, 1789. — Cahier de l'assemblée du Baillage de***, 1789. — Correspondance du marquis et de la marquise de Favras pendant leur détention. — Réflexions d'un C. sur la Révolution de 1788. — Des principes des factions en général, par Mallet Du Pan, 1791. — Proposition de l'arrêté. — Examen du pouvoir des Etats généraux, 1788. — Unité de la nation dans l'assemblée des Etats généraux. — Lettre sur les Etats généraux convoqués par Louis XVI. — Lettre du roi d'Angleterre sur les Etats généraux, 1789. — Compte rendu, par Bon-Claude Cahier, 1792.

1799. **Mélanges.** 22 pièces en 1 vol. in-8, demi-rel. v. . . . . net 9 fr.

Le Pater, l'Ave et le Credo du Tiers Etat. — Litanies du Tiers Etat. — Prières à l'usage de tous les ordres, 1789. — Messe nationale parisienne, par R. Dupin. — Grand' messe votive, 1789. — Le Gloria in excelsis du peuple, 1789. — Domine salvum fac regem, 1789. — Réponse au Domine salvum fac regem. — Pange Lingua, suite du domine salvum fac regem, 1789. — Le De profundis de la noblesse et du clergé, 1789. — Le Dies iræ ou les trois ordres au jugement dernier, 1789. — Aux âmes chrétiennes. — Le Magnificat du Tiers Etat, 1789. — Semaine sainte ou lamentations du Tiers Etat. — La passion, la mort ou la résurrection du peuple, 1789. — L'Alleluia du Tiers Etat, 1789. — Les œufs de Pâques. — Les ténèbres après Pâques, 1789. — Catéchisme du Tiers Etat, 1789.

1800. **Mélanges.** 14 pièces en 1 vol. in-8, demi-rel. dos orné. . . . . . . net 10 fr.

Préliminaire de la Constitution, par Siéyès, 1789. — Rapport sur les prisons, maisons d'arrêt ou de police, par Paganel, 1794. — Discours de Daunou le jour anniversaire du 10 août. — L. Lecointre au peuple souverain, 1794. — Compte rendu de Delacroix sur sa conduite en Belgique, 1794. — Réflexions sur l'imprimé de Lecointre contre sept membres des anciens Comités de salut public, 1794. — Projet d'adresse au peuple, par Vergniaud, 1791. — Guinguené au Comité d'instruction publique sur un libelle publié par Chalmel. — Rapport sur la proposition d'indemniser les enfants de J. Calas, par Bezard, 1794. — Rapport de Vadier. — Rapport de Lacoste sur la conspiration de Batz. — Quelques notices pour l'histoire et le récit de mes périls depuis le 31 mai, par Louvet. — Réponse de M. le duc d'Orléans à l'opinion de l'abbé Maury.

1801. **Mélanges.** 20 pièces en 1 vol. in-8, demi-rel. . . . . net 7 fr.

Premières leçons du fils aîné d'un roi, par Sylvain Maréchal, 1789. — Notice sur l'arriéré des bâtiments du roi. — Avis sur les disettes des grains et farines. — La girouette françoise ou le despotisme ressuscité, 1789. — Lettre à Mirabeau sur les dispositions naturelles, nécessaires et indubitables des officiers et des soldats français et étrangers. — Fragment d'une correspondance, 1787. — Avis aux Parisiens. — Le triomphe des Parisiens. — Le dernier mot du Tiers Etat à la noblesse de France. — Avis impartial aux citoyens, 4 pièces. — La liberté sur le trône et l'esclavage sous les pieds. — Réponse de M. Auvray à M. le comte de Virieux. — Réflexions sur l'emprunt de 30 millions. — Grande lettre de la reine à Bailly. — Discours sur la liberté française, par l'abbé Fauchet.

1802. **Mélanges.** 28 pièces en 1 vol. in-8, demi-rel. . . . . net 12 fr.

La prise des Annonciades. — Expédition du général Lameth. — Grande mort du petit Barnave. — Dénonciation de Richard Migne. — La bonne nouvelle. — Testament de mort de Thomas Malny de Favras, 1790. — Le Triumvirat redévoilé, 1789. — Catéchisme politique, 1789. — Dialogue entre M. Paporet et Louis XV, 1789. — Discours de Lemaitre, doyen des avocats. — Catéchisme des Parlements. — L'innovation utile ou la nécessité de détruire les Parlements, 1789. — Themis dévoilée, 1788. — Réflexions sur les formes de l'administration de la justice. — Extrait du charnier des Innocents, 1789. — Supplément à l'Extrait du charnier des Innocents, 1789. — Massacre des Innocents, 1789. — L'exterminateur des Parlements, 1789. — Les crimes des Parlements, par P. M. Parein, 1791.

1803. **Mélanges.** 15 pièces en 1 vol. in-8, demi-rel. . . . . net 6 fr.

Recueil des interrogatoires subis par le général Moreau, an XII. — Commission archéologique et littéraire de Narbonne, 1833. — La Diligence et le Postillon, fables 1830. — Rapport sur les destructions opérées par le vandalisme et les moyens de le réprimer, par Grégoire, an II. — Second et troisième rapport de Grégoire sur le vandalisme. — Rapport sur la fête héroïque pour les honneurs du Panthéon à décerner aux jeunes Barra et Viala, par David. — Règlement de la Commission temporaire des arts. — Mémoire sur quelques antiquités d'Agen, par le baron Chaudruc de Crazannes, 1820. — Notice sur M. de Pommereulvern, sur la naissance et le baptême du duc de Bordeaux, 1821. — A Napoléon et Marie-Louise, ode par Soumet, 1810. — Lettre à Bailly, par un de ses disciples, 1791.

1804. **Mélanges.** 5 pièces en 1 vol. in-8, demi-rel. v., dos orné. . . . . . net 7 fr.

Rennes et l'hôtel d'Armaillé pendant la Révolution. *Saint-Brieuc*, 1857. — Œuvres politiques de Charlotte Corday, réunis par un bibliophile normand, 1863. — Mirabeau à l'Assemblée Constituante, 1848. — La disette de 1780 à 1792 jusqu'à la loi du maximum, par Dramarq, 1872. — La lutte contre l'incendie avant 1789, par Cerise, 1885. — Notice sur Sergent, graveur en taille douce, député à la Convention nationale, par Noël Parfait, 1548.

1805. **Mémoires** de l'abbé Liautard, fondateur du collège Stanislas, précédés d'un essai sur l'auteur par l'abbé Denys. *Paris, Léautey*, 1844. 2 vol. in-8, br. *Portrait. Rare*. . . . . net 8 fr.

1806. **Mémoire** adressé au roi en juillet 1814, par Carnot, lieutenant-général. *Bruxelles*, 1814, in-8, demi-rel. chag. laval, tête dorée, ébarbé. . . . . net 9 fr.

On a ajouté à l'exemplaire une apostille signée de Carnot, Barrère, etc., et un portrait.

1807. **Mémoires criminels.** Pétition : La veuve Lesurques au Directoire exécutif. *Paris*, an V. — Les citoyens composant le tribunal criminel du département de la Loire-Inférieure au corps législatif. — Mémoire pour Nicolas Lamarque sur une accusation de complicité de délit de supposition de part, originairement et principalement dirigée contre feue Jeanne Pouget, veuve Nadaud, et autres prévenus. — Affaire d'Yssingeaux. Tribunal criminel de la Haute-Loire, séance du 15 ventose an VII de la République. — Mémoire pour F. Geindre, demeurant à Lons-le-Saunier, détenu aux prisons du Puy. — Mémoire pour J.-B. Julien Lavarène, habitant au Puy. — Mémoire pour le sieur Damade Belair, ci-devant négociant à Bordeaux, contre les sieurs Quoyssat, Froidefond et Filhol de Quyssate. — Exposé des motifs qui ont nécessité la plainte du comte de Broglie. — Marie-Denis Colin aux citoyens du département de la Haute-Loire. — Consultations pour les citoyens Tisserand et Carré, tous deux orfèvres à Chaumont, etc. Ensemble 25 mémoires principalement sur l'Auvergne et le département de la Gironde. Ex-libris de M. Montellier, avoué licencié au Puy. En 1 vol. in-4, cart. . . . . net 18 fr.

1808. **Mémoire** du marquis de Bouillé (comte Louis) sur le départ de Louis XVI au mois de juin 1791, en réponse à la relation de M. le duc de Choiseul. *S. l. n. d.* in-8, cart. net 5 fr.

Le même, br. . . . . net 4 fr.

1809. **Mémoires** du marquis de Ferrières, avec une notice et des notes par Berville et Barrière. *Paris, Baudoin*, 1821. 3 vol. in-8, demi-rel. . . . . net 12 fr.

1810. MOUNIER. **Exposé** de sa conduite à l'Assemblée nationale et des motifs de son retour en Dauphiné, 1789. Appel au tribunal de l'opinion publique du rapport de M. Chabroud et du décret de l'Assemblée nationale du 20 octobre 1790. Examen du mémoire du duc d'Orléans et du plaidoyer de Mirabeau et nouveaux éclaircissements sur les crimes des 5 et 6 octobre 1789, par Mounier 1790. Réponse laconique à l'exposé prolixe de la conduite de Mounier. En 1 vol. in-8, demi-rel. . . . . . . net 8 fr.

1811. **Mémoires** historiques et authentiques sur la Bastille, dans une suite de près de 300 emprisonnements détaillés et constatés par des pièces, trouvés et rangés par époques depuis 1475 jusqu'à nos jours. *Londres*, 1789, 3 vol. in-8, cart., n. rog. *Figure. Bel exemplaire*. . . . . net 15 fr.

1812. **Mémoires** historiques et militaires sur Carnot, rédigés d'après ses manuscrits et précédés d'une notice, par Tissot. *Paris, Baudoin*, 1824, in-8, d.-rel., v. rouge, dos orné, n. rogné. . . . . net 7 fr.

1813. **Mémoires** inédits sur la guerre de la Vendée en 1793 et 1794, par l'adjudant-général Aubertin. *Paris, Ladvocat*, 1882, in-8, cart. *Rare*. . . . . net 4 fr.

1814. **Mémoires** justificatifs de la comtesse de Valois de La Motte, écrits par elle-même, 1789. 2 tomes en 1 vol. in-12, cart . net 4 fr.

Le même, in-8, veau marb . . . net 6 fr.

1815. **Mémoires** sur les journées de septembre 1792, par M. Jourgniac de Saint-Méard, Mme de Fausse-Lendry, l'abbé Sicard, G. Jourdan, suivis des délibérations prises par la commune de Paris et des procès-verbaux de la mairie de Versailles. *Paris, Baudoin*, 1823, in-8, demi-rel. . . . . . . net 5 fr.

1816. **Mémoires** de Louis XIV écrits par lui-même, composés pour le grand Dauphin, son fils, et adressés à ce prince, publiés par de Gain-Montagnac. *Paris*, 1806, 2 vol. in-8, demi rel. . . . . net 5 fr.

Le même, 2 tomes en 1 vol. in-8, demi-rel., net . . . . 5 fr.

1817. **Mémoires** de Louvet, avec une introduction, par E. Maron. — Mémoires de Dulaure, avec une introduction, par L. de la Sicotière. 1862, *Poulet-Malassis*, in-12, br. . . . . 8 fr.

Rare et recherché. 1re édition correcte et soignée de ces curieux Mémoires.

1818. **Mémoires** et observations sur lesquels l'Assemblée nationale doit statuer, tendant à assurer, dès actuellement et d'une manière permanente, l'occupation et les secours dus à la classe des ouvriers indigents, 1790. — Mémoire contenant de nouveaux développements sur le projet important relatif au port de Portnic, et à un canal de Nantes à la mer par Portnic. *Paris, Desprez*, 1789. Planches en 1 vol. in-4, br. . . . . net 6 fr.

1819. **Mémoires** d'un prêtre régicide (par Martin de Gray). *Paris, Mary*, 1829, 2 vol. in-8, cart. . . . . net 8 fr.

1820. **Mémoires** relatifs à la famille royale pendant la Révolution, publiés d'après le journal et les entretiens de la princesse de Lamballe, par une dame de qualité (Catherine Hyde, marquise Govion-Broglio-Solari). *Paris, Treuttel et Wurtz*, 1826, 2 vol. in-8, demi-rel. *Portrait* . . . . net 8 fr.

1821. **Mémoires** pour servir à l'histoire de la maison de Condé (par le prince de Condé et L. de Sevelinges). *Paris*, 1820, 2 vol. in-8, d.-rel. . . . . net 5 fr.

1822. **Mémoires** de Weber, concernant Marie-Antoinette, avec des notes et des éclaircissements historiques, par Berville et Barrière. *Paris, Baudoin*, 1822, 2 vol. in-8, br., net. . . . . 8 fr.

1823. MERCIER DE COMPIÈGNE. **Eloges** du pou, de la boue et de la paille. *Paris*, an VII, in-18, *cart*. . . . . . net 3 fr. 50

1824. MERCIER. **Jezennemours** ou histoire d'une jeune luthérienne. *Buckingham*, s. d. 3 tomes en 1 vol. in-18, bas., 3 *jolis frontispices*. . . . . net 4 fr.

1825. MESMER. **Mémoire** sur la découverte du magnétisme animal. *Genève* et *Paris-Didot*, 1779, in-12, cart., n. rog. *Rare*. net. . . . . 5 fr.

1826. **Hesse**. *S. l.*, 1789, 18 pages, in-8, cart., n. rog. *Mouillures*. . . . . . . net 3 fr. 50

1827. MIGNET. **Histoire** de la Révolution française de 1789 jusqu'en 1814. *Bruxelles, Méline*, 1835, 2 vol. in-8, d.-rel. net 5 fr.

1828. — **Histoire** de la Révolution française depuis 1789 jusqu'en 1814, *Paris*, 1836, 2 vol. in-8, d.-rel. *Figures*. . . net 8 fr.

1829. — **Notices** et portraits historiques et littéraires. *Paris, Charpentier*, 1854, 2 vol. in-12, d.-rel. . . . . net 4 fr.

1830. MIRABEAU. **Aux Bataves** sur le Stathouderat. *S. l.*, 1788. — Observations d'un voyageur anglais sur la maison de Force appelée Bicêtre. *S. l.*, 1788, en 1 vol. in-8, demi-rel. . . . . net 9 fr.

1831. MIRABEAU. **Banques**. 3 pièces en 1 vol. in-8, veau. . . . . net 6 fr.

De la Caisse d'escompte, 1785. — De la Banque d'Espagne, dite de St-Charles, 1785, pièces justificatives, édit de création des billets d'Etat.

1832. — **Banques**. De la banque d'Espagne dite St-Charles, par Mirabeau, 1785. Essai sur le commerce de l'Espagne et de ses colonies, par de Christophoro d'Avalos. *Paris*, 1819. Aperçu sur la situation financière de l'Espagne, par le comte de Laborde. *Paris*, 1823. En 1 vol. in-8, d. rel. . . . . net 6 fr.

1833. — **Correspondance** avec le comte de La Marck pendant les années 1789, 1790 et 1791. Publ. par de Bacourt. *Paris, Le Normant*, 1851. 3 vol. in-8, d. rel. amateur, avec coins n. rog. . . . . net 20 fr.

1834. — **Considérations** sur l'ordre de Cincinnatus. *Londres*, 1784. — Lettre à M... sur Cagliostro et Lavater. *Berlin*, 1786. — Correspondance entre M. C. et Mirabeau. 1789 — Sur la Caisse d'escompte, 1789, en 1 vol. in-8, d.-rel. v., dos orné. . . . . net 7 fr.

1835. — **Considérations** sur l'ordre de Cincinnatus. *Londres*, 1785, in-8, veau. net 3 fr. 50.

1836. — Dénonciation de l'agiotage au Roi et à l'Assemblée des notables. — Considérations sur la dénonciation de l'agiotage. — Suite de la dénonciation de l'agiotage, 1789. — Lettres sur l'administration de Necker, 1787. — Défense de Necker contre Mirabeau, 1787. — Lettres à Frédéric-Guillaume II, roi de Prusse, 1787. — Lettre à M. le comte de Mirabeau, 1785. — Lettre sur l'invasion des Provinces-Unies, 1787. — Lettres sur une nouvelle métamorphose de la Compagnie des Eaux de Paris. — Lettre sur un projet de Compagnie d'assurance contre les incendies à Paris, etc. Ensemble 15 pièces en 1 vol. in 8, veau. net. . . . . 40 fr.

Exemplaire ayant appartenu à Camille Desmoulins et provenant de la vente de G. Lecocq qui avait acheté ce volume à la famille.

Ex-libris et attestation de M. Auguste Dide.

1837. — **De la Monarchie** prussienne sous Frédéric le Grand. *Londres*, 1788. 8 vol. in-8, dem.-rel., *Port*. . . . . . . net 25 fr.

1838. — **Doutes** sur la liberté de l'Escaut, réclamée par l'Empereur. *Londres, s. d.*, *Carte*. — Lettre sur l'invasion des Provinces-Unies adressée à Mirabeau et sa réponse. 1787. — Lettre à M. le Comte de *** sur l'éloge de Frédéric, par M. de Guibert. 1788. en 1 vol. in-8, veau. . . . . net 6 fr.

1839. — **Essai** sur le despotisme. *Londres*, 1776. — Des lettres de cachet et des prisons d'Etat. Ouvrage posthume composé en 1778 *Hambourg*, 1782, en 1 v. in-8, veau, net 7 fr.

1840. — **Essai** sur le despotisme. *Londres*, 1775. Dénonciation de l'agiotage à l'Assemblée des notables. *S. l.* 1787. en 1 vol. in-8, d.-rel. . . . . net 7 fr.

1841. MIRABEAU. **Le Courrier** de Provence. *Paris, de l'Imprimerie du patriote français*, 178?. Nos 1 à 350 complet en 17 vol. in-8, veau. *Bel exemplaire*. . . . . net 100 fr.

Le même, 17 vol., demi-rel. basane. net. . . . . 75 fr.

1842. — Lettre en réponse à celle de Péthion de Villeneuve, 20 juin 1790. — Lettre à ses commettants, 10 mai 1789. — Discours sur la procédure du Châtelet, 20 octobre 1790. Ens. 3 br. in-8. . . . . net 4 fr.

1843. — **Lettres**. 2 pièces en 1 vol. in-8, demi-rel. veau, dos orné. . . . . net 5 fr

Lettre à M... sur Cagliostro et Lavater. *Berlin*, 1786. — Observations d'un Anglais sur la maison de Force appellée Bicêtre, suivies de réflexions sur la sévérité des peines; et sur la législation criminelle de la Grande-Bretagne, imité de l'anglais, par Mirabeau, 1788.

1844. — Lettre à M. Le Couteulx de la Noraye sur la banque de Saint Charles et sur la Caisse d'Escompte, 1785. — Sur les actions de la Compagnie des Eaux, 1786. — Dénonciation de l'agiotage à l'Assemblée des notables, 1787. — Lettre à Frédéric-Guillaume II, roi de Prusse, le jour de son avènement au trône, 1787. Ens. 4 pièces en 1 vol. in 8, veau. net. . . . . 8 fr.

1845. — **Lettres** originales écrites du donjon de Vincennes pendant les années 1777, 78, 79 et 80, recueillies par Manuel. *Paris, Garnery*, an IV. 4 vol. in-12, veau. net 12 fr.

Ex-libris A. Dide.

Le même ouvrage, 4 vol. in-8, cartonnés, net . . . . 14 fr.

1846. — **Le Tombeau** de Mirabeau le patriote, composé pour le Forte-piano, par Le Mière. in-4, cart. . . . . net 15 fr.

Très rare.

1847. — **Mémoires** biographiques, littéraires et politiques écrits par lui-même, par son père, son oncle et son fils adoptif. *Paris*, 1834. 8 vol. in-8, demi-rel. veau. . net 50 fr.

1848. — **Mémoires** sur son époque, sa vie littéraire et privée, sa conduite politique à l'Assemblée nationale et ses relations avec les personnages de son temps. *Paris, Bossange*, 1824. 4 vol. in-8, br. . . . . . net 12 fr.

1849. — **Mes onze ducats** d'Amsterdam, mes quatre cent quatre-vingts livres de Versailles et mes quinze cents livres de Paris, à déposer sur l'autel de la patrie, par Mirabeau. *Paris*, 1790. in-8 . . . . net 6 fr.

1850. — **Mort** de Mirabeau et ses dernières paroles avec le détail de l'assassinat de son secrétaire. *De l'Imp. patriotique*, 1791. 8 pages in-8, demi-rel. veau. . . net 4 fr.

1851. — **Œuvres** prédédées d'une notice par Merilhou. *Paris*, 1827. 9 vol. in-8, broch. *Rare*. . . . . net 50 fr.

1852. — **Origine** de la caisse d'escompte, ses progrès, ses révolutions, 1789. — Discours sur les questions monétaires, en 1 vol. in-8, demi-rel. veau, dos orné . . . . net 6 fr.

1853. — **Premier** mémoire à consulter pour M. le comte de Mirabeau contre M. le marquis de Monnier, sur le titre Ex-libris F. Chabas. — Pièces justificatives. — Troisième mémoire à consulter pour M. le comte de Mirabeau appelant contre M. le marquis de Monnier, 1782, en 1 vol. in-8 demi-rel, basane, dos orné, non rogné. . . . . net. 50 fr.

Exemplaire avec une quantité de corrections autographes de Mirabeau; ce volume provient d'une vente faite à Georges Lecocq par les héritiers de Camille Desmoulins.

Attestation de M. Auguste Dide et avec son ex-libris.

1854. — **Trahison** découverte du comte de Mirabeau. S. l. n. d. — Correspondance entre le diable et le comte de Mirabeau sur celle de M. C... et l'histoire secrète, etc., 1789, 2 pièces en 1 vol. in-8 demi-rel. veau, dos orné. net 6 fr.

1855. — **Vie publique** et privée de Honoré Riquetti comte de Mirabeau. *Paris, Hôtel d'Aiguillon*, 1791, in-8 demi-rel. veau, dos orné. *Joli portrait et figure au pointillé*. Rare. . . . . net 15 fr.

1856. HUGO (V.). **Etude** sur Mirabeau. *Paris, Guyot et N. Canel*, in-8 broch. Couverture *édition originale*. . . . . . . net 4 fr.

1857. **Les missionnaires** de 93 (par J.-B. Fabry). *Paris*. 1819. in-8 bas. . . net 3 fr.

1858. MONGEZ. **Vie privée** du cardinal Dubois. *Londres*. 1789. in-8 v. . net 4 fr.

1859. MONIN. **L'Etat** de Paris en 1789, études et documents sur l'ancien régime à Paris. *Paris*. 1889, in-8 broch. . . . . net 5 fr.

1860. MONTBAREY (Prince de), **ministre** de la guerre sous Louis XVI. Mémoires. *Paris*, 1826, 3 vol. in-8, demi-rel. . net 9 fr.

1861. MONTGAILLARD (Comte de). **Ma conduite** pendant la Révolution française, suivie de réflexions sur l'état actuel de l'Europe. *A Londres*, 1795, in-12, cart. . . net 3 fr. 50

1862. — **Histoire** de France depuis la fin du règne de Louis XVI jusqu'à l'année 1825. *Paris, Moutardier*. 1828, 9 vol. in-8, br. . . . . net 20 fr.

1863. MORIN. **Révélations** de faits importants qui ont préparé ou suivi les restaurations de 1814 et 1815. *Paris*, 1830, in-8, br. net. . . . . 2 fr. 50

1864. **La Mort** de Louis XVI, tragédie en 2 actes, suivie de son testament. *Paris*, 1793, in-8, cart. non rog. . . . net 3 fr. 50

1865. **La Mort** de Robespierre, tragédie en 3 actes. *Paris, Monory*, 1801, in-8, cart. net. . . . . 4 fr.

1866. MOUSSARD. **La libertéide** ou les phases de la Révolution française, tableaux héroï-lyriques, suivis des chants du philosophe. *Paris*, an X, 1802, in-8, demi-rel. net 5 fr.

Frontispice à la manière noire et une figure de Legrant.

1867. **Musique**. Duo de Zoraïme et Zulnar, paroles du citoyen Saint-Just, musique de Boïeldieu, arrangé pour le forte-piano, par l'auteur. *Paris, Cochet, s. d. vers 1795*, in-4, cart. *Bel exemplaire*. . . . . net 12 fr.

1868. NAUROY (Ch.). **Les derniers** Bourbons. — Le duc de Berry et Louvel. — Les favorites de Louis XVIII. — La dernière maîtresse du comte d'Artois. — La femme du duc d'Enghien. *Paris, Charavay*, 1883. in-12, cart.. n. rog. Epuisé. . . . . net 3 fr. 50

1869. NICOLARDOT (Louis). **Journal** de Louis XVI. *Paris, Dentu*, 1873, in-12, br. net . . . . 2 fr. 50

1870. **Nouvelles** réflexions d'un jeune homme ou suite à l'Essai sur la dégradation de l'homme en société, par le chevalier de F. (d'Arlaize). *Londres, Royez*, 1787, in-12. d.-rel., v. quelques taches au premier feuillet. net . . . . 3 fr.

1871. **Nouveau dictionnaire** français à l'usage de toutes les municipalités, les milices nationales et les patriotes; composé par un aristocrate. *Se trouve à Paris, au manège des Tuileries, au club des Jacobins, à l'hôtel de ville, etc., juin 1790*, in-8, d.-rel., chag. tête dorée. ébarbé. net 8 fr.

Bel exemplaire.

Au bas du titre on lit ce N. B. « On ne recevra en paiement ni assignat, ni billet d'aucune espèce, s'ils ne sont cautionnés par un juif, un comédien ou un bourreau en fonction d'officier municipal. »

1872 **Observations** de M. Hennequin, avocat, sur l'intruction relative à la mort du duc de Bourbon, prince de Condé. *Paris, Warée*, 1832. in-8. demi-rel. . . . . . net 3 fr. 50.

1873. **Observations** sur les attentats attribués au duc d'Orléans. *Paris*, 1790. La Cabale d'Orléans ressuscitée et dévoilée par un bon citoyen — Réponse à la Cabale d Orléans, 1790 — Dernière séance des régicides ou le bonheur promis. *Londres*, 1791. 4 pièces non rognées en 1 vol., in-8, cart. . . net 12 fr.

1874. **L'Orateur** du peuple, par Fréron sous le nom de Martel. 4 vol. in-8, demi-rel. net . . . . 12 fr.

Tomes I, II, III, IV, VII.

1875. OUDIETTE. **Dictionnaire** topographique des environs de Paris jusqu'à 20 lieues à la ronde. *Paris*. 1817. in-8. br. net 3 fr. 50.

1876. PALLAIN (G.). **Correspondance** inédite du prince de Talleyrand et du roi Louis XVIII pendant le Congrès de Vienne. *Paris, Plon*, 1881. in-8, br. . . . . . . net 4 fr.

1877. — **Ambassade** de Talleyrand à Londres. 1830-1834. première partie. *Paris, Plon*, 1891. in-8. br. . . . . net 4 fr.

1878. **Pamphlets** du père Duchesne. La colère du père Duchesne à l'aspect des abus, 1789 — Jugement de Necker rendu par le père Duchesne — Réponse de Necker à la colère et au jugement du père Duchesne à l'occasion des Scellés mis au Palais — Lettres b...ment patriotiques à tous les soldats de l'armée, au peuple et à tous les matelots de l'armée navale — J'étouffe, et je m'en f..., de l'imp. de Jean-Bart, 1790. — Tu ne t'en f..... pas, et moi je m'en contre-f..... — *A Dunkerque, de l'imp. d'un Capou de rivage*, en 1790 — Le père Duchesne aux braves gardes nationales de Paris. — La trompette du père Duchesne, p. s. de suite aux 400 lettres b...ment patriotiques. — La grande joie du père Duchesne, etc., A Paris, à l'enseigne de l'homme-rouge — En 1 vol. in-8, demi-rel., v., dos orné. . . . . . net 12 fr.

1879. **Pamphlets** des émigrés, 5 pièces en 1 vol. in-8, d.-rel., veau, dos orné. net 7 fr.

Aux Souverains de l'Europe — Coblentz, 1791 — Réponse des princes et Français émigrés aux décrets de l'Assemblée nationale du 18 novembre 1791 — Déclaration d'une partie des habitants de Paris, 1791 — Lettre des officiers du marquis de Bouillé à leurs camarades en France 1791 — La vérité au peuple et au gouvernement françois, par Balaillard, an VII.

1879 bis. **Pamphlets.** 12 pièces en 1 vol. in-8, demi rel . . . . net 6 fr.

Le défenseur du peuple 1789 — Lettre du pape Pie VI à la nation française — Le Credo de la noblesse, avec les notes du Tiers, le tout terminé par les litanies par l'Auteur du Gloria in Excelsis 1789 — Le magnificat du Tiers-Etat (ce qu'on doit le chanter le 26 avril aux premières Vêpres des Etats Généraux 1789, 1e et 2e éditions. — Litanies du Tiers-Etat — Aux âmes chrétiennes — Sexte, none, Vêpre et complies, pour tous les jours de la semaine à l'usage du Peuple — Credo du Tiers-Etat 1789 — Le Gloria In Excelsis du Peuple 1789 — Semaine-Sainte ou les lamentations du Tiers-Etat — La Passion et la mort et la résurrection du Peuble 1789 — Les sept péchés capitaux, 1789..

1880. **Pamphlets**, royalistes 11 pièces en 1 vol. in-8, d.-rel., veau, dos orné. net 20 fr.

Nouveau pot pourri national dédié à l'ex-président Rabaud portrait ajouté) — Organisation patriotique des départements an II *Rare* — La Révolution Française, pot pourri (*en vers libres*) — La nouvelle lanterne magique par un sous-lieutenant de Riquetti-cravate — Mystères de la conspiration — Ouvrez donc les yeux (*mouillures*) — Domine salvum fac regem — Pangelingua — Les chevaux du manège — Le poisson d'avril à l'Assemblée nationale — Etrennes à la nation. De l'imâ. du Vatican.

1881. **Pamphlets Satiriques.** 9 pièces en 1 vol. in-8, demi-rel. veau, dos orné. net 10 fr.

Confession et repentir de Mme de P***, 1789. — C'est incroyable ou la confession amphigouri-tragi-comique — La trahison poursuivie par la liberté, hommage aux habitants de Berne et de Bâle qui n'ont pas voulu recevoir chez eux Mme de Polignac. — Les plaintes et doléances des dames de la halle et des marchés de Paris, 1789. — Mémoire historique des intrigues de la Cour, par Rétaux de Villette, *Venise*, 1790. — Grande visite du père Duchesne à Mme Lamothe — Procès-verbal et protestations de l'Assemblée de l'ordre le plus nombreux du royaume. — Réponse des femmes de Paris au cahier de l'ordre le plus nombreux du royaume, 1789. — Lesta, opuscule national dédié à M. Ch. Voydel, grand inquisiteur de France, 1791.

1882. **Parc aux Cerfs** (le) ou l'origine de l'affreux déficit, par un zélé patriote. Paris, sur les débris de la Bastille, 1790. in-8, demi-rel. . . . . 20 fr.

Avec les 8 fig., dont celle du fameux banquier Peixote.

1883. PARNY. **La guerre** des Dieux anciens et modernes. *Paris, Didot*, an VII. in-12, maroquin vert, dos orné, tr. dor. *Frontispice de Cochin*. . . . . net 16 fr.

Edition originale, recherchée, celles qui l'ont suivie ayant éprouvé des suppressions considérables, dans ce que ce poème avait de plus scandaleux.

Exemplaire dans une jolie reliure du temps : on y a ajouté : Les nouveaux Saints (par J. Chenier), 1801. *Edition originale*. — Qu'est-ce que la Théophilanthropie (par Chemin-Dupontès), suivi de la réponse aux imputations dirigées contre la Théophilanthropie, 1801.

1884. **La Passion** et la mort de Louis XVI, roi des juifs et des chrétiens. *A Jérusalem*, 1790. 27 pages en 1 vol. in-8, cart. *Avec le frontispice qui manque souvent*. net 15 fr.

1885. PENN (Guillaume). **Histoire** abrégée de l'origine et de la formation de la Société dite des Quakers, où sont exposés leur principe fondamental, leur doctrine, culte, ministère et discipline. *Philadelphie*, 1803. in-18, bas . . . . net 3 fr. 50

1886. **Le peuple** anglais bouffi d'orgueil, de bière et de thé, jugé au tribunal de la Raison. *Paris, Surosme*, 1803. in-8, demi rel. v., dos orné n. rog. . . . . . . net 3 fr. 50

1887. PHILIPON LA MADELEINE. **L'élève** d'Epicure ou choix des chansons. *Paris, Hubert, s d.* in-12, cart. . . net 3 fr. 50

1888. PITOU. **L'Urne** des Stuarts et des Bourbons où le fond de ma conscience sur les causes et les effets des 21 janvier chez les deux peuples. *Paris, Pitou*, 1815. in-8. br. net. . . . . net 4 fr.

Portraits en médaillon de Louis XVI, Marie-Antoinette, du Dauphin, et portraits ajoutés.

1889. PITRE-CHEVALIER. **Bretagne** et Vendée, histoire de la Révolution française dans l'Ouest. *Paris, Coquebert*, gr. in-8, cart. fers spéciaux. . . . . . . net 12 fr.

Edition illustrée par Leleux, Penguilly, T. Johannot.

1890. **Poème** aux défenseurs de la patrie, à l'occasion de la fête célébrée le 25 floréal an V à Chambéry. *Chambéry, Dufour*. 14 pages in-8 . . . . net 3 fr. 50

1891. **Poésies** françaises d'un prince étranger (Le prince Beloselski, publiées par Marmontel. *Paris, Didot*. 1789. gr. in-8, cart. net. . . . . 4 fr.

1892. **Poésies**, 9 pièces en 1 vol. in-8, veau. dos orné. . . . . .net 6 fr.

La liberté du cloître, par Demoutier, 1790 — Le concile œcuménique, an XI — La bonne année du père la Joie — Les miracles ou la grâce de Dieu, par l'Abbé Maudit, 1802 — Les jardins de Belz, par Cerutti, 1792 — Les principes généraux de la morale universelle, par Buard, an VI — Epître à un philosophe sur l'alliance de la poésie, par Saint-Ange, 1787 — Epître à Henri IV sur l'avènement de Louis XIV, 1774 — Discours de Vialar en présentant un poème épique de Masson, an VIII — Epître de Ximenez à Rivarol.

1893. **Poésies**, 35 pièces en 1 vol. in-8, d. rel. veau, dos orné . . . . . net 16 fr.

Ode à la nation, par Nogaret — Stances sur le 4 février, par de Bruix — Pot pourri patriotique, par M. C., volontaire des Capucins du Marais — La France délivrée par un patriote — La haine des tyrans, par le cit Fils — Ode sur l'Etre suprême, par Le Brun — Hymnes pour Barra et Viala — Hymne à la liberté, par M.-J. Chénier — Epître aux défenseurs de la patrie, par Famcon — Ode sur les lois, par Dumouchet — Epître aux sans-culottes, par Bouquier — Hymne des combats, par Bonneville — Hymne à la liberté, par François de Neufchâteau — Arrêté des habitants de la Grenouillère et du Pont-aux-Choux de la Rapée et du Gros-Caillou — Les prairies, idylle — Les petits saints ou épître à Chénier — Les nouveaux saints, par Chénier — Epître sur les défenseurs de Louis XVI, par Taillard etc.. etc.

1894. **Poésies**. 16 pièces en 1 vol. in-8, d. rel. veau, dos orné. . . . . . net 10 fr.

Poésies-chansons, liberté, égalité, fraternité, Vivre libre ou mourir — Origine de *la Marseillaise*; *La Marseillaise* et Lays. — Chant de Victoire, par Chénier — Le retour des cendres de Napoléon — *La Marseillaise* des Egyptiens — Strophes à Louis Bonaparte, par Voilelain — Hymne à St-Geneviève, par Delphine Gay — Les ruines de Montfort-l'Amaury, par St-Valry — L'Art du commis-voyageur en vers, dédié à Casimir-Périer — La France républicaine ou le miroir de la Révolution française, etc., etc.

1895. **Poèmes**. 9 pièces en 1 volume. in-8. d. rel. veau, dos orné. . . . net 8 fr.

Le Triumvirat ou MM. Necker, Bailly et Lafayette, 1790, Gravure ajoutée — La France délivrée, 1790. Gravure ajoutée — La Parisiade, par un Hottentot, 1789 — La Révolution française, pot pourri, 1791 — La Caverne, par Morel *s. d.* — Les crimes de la Monarchie et les vertus de la République, an II — Opuscules contre les excès de la Révolution — Epître aux républicains, an VIII.

1896. PONS. **Mémoires** p. s. à l'histoire de la ville de Toulon en 1793. *Paris, Trouvé*, 1825. in-8, veau. *Portrait de Louis XVII*. net. . . . . 7 fr.

1897. **Précis** exact de la prise de la Bastille, rédigé sous les yeux des principaux acteurs qui ont joué un rôle dans cette expédition et lu le même jour à l'hôtel de ville. s. l. 1789. 10 pages in-12, cart. *Rare*. net 8 fr.

1898. PRESSENSE (Ed. de) **L'Eglise** et la Révolution française, histoire des relations de l'Eglise et de l'Etat de 1789 à 1802. *Paris, Meyrueis*. 1867. in-8, br. . . net 3 fr. 50.

1899. **Projet** d'une loi portant défense d'apprendre à lire aux femmes, par S** M** (Sylvain Maréchal). *Paris, Massé*. 1801. in-8, br. . . . . .net 3 fr. 50.

1900. PRINCE DE CONDE (Mort du) 3 pièces en 1 vol. in-8, demi-rel. . . . . .net 10 fr.
Observations de M. Hennequin, avocat, sur l'instruction relative à la mort du duc de Bourbon, prince de Condé, 1832. — Plaidoyer de M. Hennequin pour les princes de Rohan contre le duc d'Aumale, 1832 — Réplique de M. Hennequin pour les princes de Rohan.

1901. **Le prisonnier d'Etat** ou tableau historique de la captivité de J. C. le prévôt de Beaumont, durant vingt-deux ans deux mois. *Paris*, 1791, in-8, demi-rel. veau, dos orné. *Frontispice; le titre est remonté, raccommodage à la dernière page*. . . net 5 fr.

1902. **Procès** de Louis XVI, roi de France, suivi des procès de Marie-Antoinette, de Mme Elisabeth et de Louis-Philippe, duc d'Orléans, par un ami du trône. *Paris*, 1814. 2 vol. in-8, br. . . . . net 7 fr.

1903. **Procès-verbal** des Séances et délibérations de l'Assemblée générale des électeurs de Paris, réunis à l'Hôtel de Ville le 14 juillet 1789, rédigé depuis le 26 avril jusqu'au 30 juillet 1789. *Paris*, 1790. 3 vol. in-8, demi-rel. . . . . net 8 fr.

1903 *bis*. — **Procès-verbal** de l'Assemblée des Communes et de l'Assemblée Nationale. *Paris*, première livraison, depuis le 12 juin 1789 jusqu'à la seizième, 1791. 75 vol. in-8, basane. Net. . . . . 75 fr.
Collection très intéressante contenant tous les rapports où motions présentée à l'Assemblée Nationale.

1904. **Projet** de constitution pour la République française et discours préliminaire prononcé par Boissy-d'Anglas dans la séance du 5 messidor an III. *Avignon, V. Raphaël, s. d.* in-8, cart. ébarbé. . . . . net 4 fr.

1905. **Projet** de la proposition d'accusation contre le duc Decazes à soumettre à la Chambre de 1820 par M. Clausel de Coussergues. — Supplément au mémoire de M. Clausel de Coussergues en ce qui concerne la Préfecture de Police dans l'horrible évènement du 13 février. — Observations sur l'écrit publié par M. Clausel de Coussergues contre le duc Decazes. *Paris*, 1820, en 1 vol. in-8, demi-rel. . . . . net 5 fr.

1906. PROYART (l'abbé). **Louis XVI** et ses vertus aux prises avec la perversité de son siècle, faisant suite à Louis XVI, détrôné avant d'être roi. *Paris* et *Lyon*, 1808. 5 vol. in-8, demi-rel. . . . . net 16 fr.

1907. PRUDHOMME. **Les crimes** des reines de France depuis le commencement de la monarchie jusqu'à Marie-Antoinette. *Paris* et *Lyon*, 1791. in-8, demi-rel. *Gravures*. net . . . . 5 fr.
Le même, deuxième édition contenant le procès de Marie-Antoinette. *Paris*, an II. in-8, basane . . . . net 8 fr.

1908. **Le purgatoire** anéanti ou dernier courrier du petit enfer politique, *S. l. n. d.* in-8. cart. n. rogné . . . . net 4 fr.

1909. QUINET (Edgar). **La Révolution**, précédé de la critique de la Révolution. *Paris, Germer-Baillière, s. d.* 3 vol. in-12, br. Portrait de l'auteur et autographe de Mme E. Quinet. . . . . nef 10 fr.

1910. **Querelle** de Saint Roch et de Saint Thomas sur l'ouverture du manoir céleste à Mlle Chameroy. *Paris*, s. d. — Ordonnance de l'archevêque de Paris sur le refus du curé de Saint-Roch de rendre les honneurs funèbres à Mlle Chameroy. . . . . net 4 fr.

1911. **Qu'est-ce-que** le tiers-état (par Sieyès). *S. l.* 1789, in-8, cart. . . . . 4 fr.

1912. RABAUT-Saint-ETIENNE. **Œuvres** précédées d'une notice sur sa vie, par Collin de Plancy. *Paris*, 1826, 2 vol. in-8, demi-rel. Rel. non uniforme. *Portrait*. . . . . net 4 fr.

1913. RABAUT-Saint-ETIENNE. **Précis** de l'histoire de la Révolution française, précédé d'une notice sur la vie de l'auteur, par Boissy-d'Anglas. *Paris, Servier*, 1827, in-18, cart., non rogné. *Port. de Rabaut-St-Etienne, La Fayette et Boissy-d'Anglas*. net. . 4 fr.

1914. RAMOND (L). **Voyages** au Mont-Perdu et dans la partie adjacente des Hautes-Pyrénées. *Paris, Belin*, 1801. *Nombreuses cartes*. . . . . net 10 fr.
Bel exemplaire d'un ouvrage rare et estimé.

1915. **Rapport** sur l'assassinat de Collot-d'Herbois, réflexions des citoyens Coulhon et Collot-d'Herbois, sur le même sujet, in-8, d.-rel. net. 3 fr.50

1916. **Rapport** et décrets sur le prompt jugement des émigrés trouvés sur le territoire de la République, l'expulsion des individus rentrés après déportation et les peines portées contre ceux qui provoqueraient l'avilissement de la représentation nationale ou le retour à la royauté, suivis du discours du cit. Louvet. *Avignon, Vincent Raphaël an III*, 19 pages, in-8, cart., n. rog. *Très rare*. . . net 7 fr.

1917. **Rapport** fait au nom de la commission chargée de l'examen des papiers trouvés chez Robespierre et ses complices, par E.-B. Courtois dans la séance du 16 nivôse an III. *Paris*, an III, in-8, cart. . . . . net 5 fr.
Le même, in-8, cart. n. rog. . . net 7 fr.

1918. **Rapport** sur la nécessité d'anéantir les patois et d'universaliser l'usage de la langue française (par l'abbé Grégoire), an II, in-8, cart. *Toutes marges, rare*. net 4 fr.

1919. **Rapports**. 10 pièces en 1 vol. in-8, d.-rel. . . . . net 8 fr.
Sur les principes de morale politique qui doivent guider la Convention nationale dans l'administration intérieure de la République, an II, par St-Just. — Sur la conjuration ourdie depuis plusieurs années par les factions criminelles pour absorber la Révolution, an II, par St-Just. — Rapport de Robespierre sur les rapports des idées religieuses et morales avec les principes républicains. — Rapport sur l'assassinat de Collot-d'Herbois, par Barère. — Rapport sur les crimes de l'Angleterre envers le peuple français, par Barère. — Rapport et projet de décret au nom des comités de sûreté générale et de salut public. par Vadier, an II. — Rapport sur la bataille de Fleurus, par Barère. — Dubois-Crancé aux Jacobins, en rentrant dans la société. — Déclaration des droits de l'homme et du citoyen 1830.

1920. **Recueil** d'opinions et de discours des membres siégeant au côté droit de la Chambre des Députés pendant la session de 1818. *Paris, Egron*, in-8. cart. net 3 fr. 50

1921. **Relation** d'un voyage à Bruxelles et à Coblentz, 1791. Paris, 1823, in-18, demi-rel. Port. de Louis XVIII. . . net 3 fr. 50

1922 **Relation** fidèle et détaillée de l'arrestation de Mme la duchesse de Berry. *Nantes*, 1832, in-8, cart. *Fig*. . . . net 12 fr.
Pièce très rare.

1923. **Remarques historiques sur la Bastille**, sa démolition et révolutions de Paris en juillet 1789. *Londres*, 1789, in-8 cart. net 4 fr.

1924. REMY. **Les Six d'Orléans**, essai historique sur la branche cadette de la maison de Bourbon. *Paris*, 1835. — La faction orléaniste. — Philippe-Egalité. — Louis-Philippe Ier. — La régence, la Fusion. *Paris*, 1852, en 1 vol. in-8, cart. non rogné . . . . . . net 5 fr.

1925. RENOUVIER. **Histoire de l'art pendant la Révolution.** *Paris, Renouard*, 1863. 2 vol. in-8 br. . . . . net 5 fr.

1926. **Répertoire ou almanach historique de la Révolution française** (par Hullin de Bois Chevalier). *Paris, Lefort*, an VI, 1798 in-18, demi-rel. maroquin laval, dos orné. net 4 fr.

On a ajouté à cet exemplaire une figure de Moreau avant lettre : Le Serment du jeu de Paume.

1927. **Réponse de Marat aux détracteurs de l'ami du peuple**, par Albertine Marat. *de l'Imp. de Marat S. d.* 8 pages in-4 demi-rel. *Les deux premiers feuillets sont manuscrits.* net . . . . 4 fr.

1928. **Restauration.** 5 pièces en 1 vol. in-8, broch. . . . . net 5 fr.

Documents pour l'intelligence de l'histoire de France en 1820, par Keratry. — Procès du contre-amiral Durand de Linois et de l'adjudant commandant Boyer de Peyreleau, 1816. — Notice biographique sur le général Berton. — L'homme des gibeaux ou nouvelles preuves de la conjuration de M. E. de Cazes et consorts contre la légitimité, 1820. — Rapport sur l'état politique de la Vendée, par Momoro.

1929. **Révolutions ecclésiastiques ou la calotte renversée**, 1790. — Motion insidieuse de l'apôtre saint Pierre, ou le Quart, conte aristocrato-patriotique. — Les antropophages sacrés ou petite esquisse des meurtres commis par les ministres d'un Dieu de paix. — Relation véritable et remarquable du grand voyage du Pape en Paradis. — Réponse au bref du Pape ou l'impuissance des foudres du Vatican, en 1 vol. in-8 cart. . . . net 4 fr.

1930. **Révolution Française.** 5 pièces en 1 vol. in-8, demi-rel. veau, dos orné. net 6 fr.

Essais p. s. d'introduction à l'histoire de la Révolution française, par Sallier. 1819. — La France libre, par C. Desmoulins, 1836. — Essais sur la vie de C. Desmoulins, par Matton. — Du peuple et des rois, par Lavicomterie, 1833. — De l'influence de la Révolution sur nos mœurs, par Oth. D. 1818.

1931. **Révolution française.** 10 pièces en 1 vol. in-8, veau vert, filets, dos en maroquin rouge, tr. dorées . . . . net 50 fr.

Révolution de Paris, dédiée à la nation et au district des Petits-Augustins du 12 au 17 juillet 1789. — Vie de L.-P.-Joseph, duc d'Orléans. — Domine salvum fac regem. *Sur les bords du Gange*, 21 *octobre* 1789. — Confessions générales des princes du sang royal, auteurs de la cabale aristocratique. A Aristocratie, 1789. *Jolie caricature.* Précis de la vie ou confession générale du comte de Mirabeau. A Maroc, 1789. *Beau portrait de Mirabeau.* Le tableau de famille, fragment de l'histoire de France. *L'an de la liberté* O. — La prise des Annonciades, par M. le comte C.... S. de L.... II. *Paris*, 1789. — Réponse à l'auteur de la prise des Annonciades. — *Jam Satis.* — Adresse aux provinces ou examen des opéra ions de l'Assemblée nationale 1789.

Exemplaire de Camille Desmoulins, acheté par Georges Lecocq à ses héritiers.

Attestation et ex-libris de M. Auguste Dide, auquel le livre a appartenu.

1932. **Révolutions de France et de Brabant**, par Camille Desmoulins. 101 numéros en 8 vol. in-8, veau, *Bel exemplaire* . . net 200 fr.

Chaque numéro d'au moins trois feuilles, est accompagné d'une estampe, qui le plus souvent fait caricature, et dans le nombre il y en a de fort spirituelles.

Les événements ayant forcé Desmoulins d'abandonner son entreprise, à la fin de juillet 1791, sa place fut prise par Dusaulchoy, qui continua sous le nom du fondateur, à partir du numéro 87 jusqu'au numéro 101; il publia 15 numéros que l'on joint souvent à tort à la feuille de Desmoulins, et qui forment dans presque toutes les collections le tome 8, c'est le cas de notre exemplaire. Il manque les numéros 102 à 104.

Il manque 7 figures à cet exemplaire.

1933. **Révolution française** (Histoire des causes de la), par A. Granier de Cassagnac. 1850. *Garnier*, 4 vol. in-8 . . . net 25 fr.

Livre brillant et d'une profonde originalité, en opposition complète de vue avec Thiers, Blanc, Buchez, qui vont chercher l'origine de la Révolution chez Luther, chez les philosophes du XVIIIe siècle, ou même dans le berceau du christianisme. Elle a été le produit laborieux, selon l'auteur, des rêveries des ministres et de Louis XVI, et surtout de l'ambition et de l'égoïsme des classes supérieures. Il y a un énorme travail de recherches et d'études spéciales pour prouver cela.

1934. **Révolutions de Paris**, dédiées à la nation par Prudhomme, du 12 juillet 1789 au 24 décembre 1791, 128 numéros en 16 vol. in-8, veau, filets. *Figures*. . . . net 55 fr.

1935. **Révolutions de Paris** dédiées à la nation par Prudhomme, du 12 juillet 1789 au 5 janvier 1793, 182 numéros en 14 vol. in-8, cart. *Nombreuses caricatures* . net 70 fr.

1936. **Révolutions de Paris** dédiées à la nation, publiées par L. Prudhomme, du 12 juillet 1789 au 28 février 1794 (10 ventose an II). 17 vol. in-8. . . . . . . net 100 fr.

Collection bien complète. Les révolutions de Paris ont été renommées par l'excessive liberté de l'auteur, il annonce toujours des complots, des batailles, des malheurs, du sang prêt à couler.

Le jour de la prise de la Bastille, l'auteur emporta une liasse de papiers qu'il fait successivement paraître dans ses numéros, ce qui leur donne un certain degré d'intérêt.

Nombreuses caricatures.

1937. REY. **Histoire du drapeau, des couleurs et des insignes de la monarchie française**, précédée de l'histoire des enseignes chez les anciens. *Paris, Techener*, 1837, 2 vol. in-8, demi-rel. . . . . net 12 fr.

1938. REY (V. — F. S.). — **L'école de la société ou la Révolution française**, tragi-comédie historique en prose en 5 actes avec intermèdes. *Paris*, 1795, in-8, demi-rel. v. dos orné, n. rog. . . . . net 4 fr.

1939. RIVAROL. **Tableau historique et politique des travaux de l'Assemblée Constituante**, depuis l'ouverture des Etats Généraux jusqu'à la journée du 6 octobre 1789. *Paris*, 1797. in-8, demi-rel. . . . . net 3 fr. 50

1940. ROBERT (Edmond). **Les domestiques**, étude de mœurs et d'histoire. *Paris, Germer-Baillière*, 1875, in-12, cart. *envoi et autographe de l'auteur* . . . . . . .net 5 fr.

1941. ROBESPIERRE. 2 pièces en 1 vol. in-8, demi-rel. . . . . net 10 fr.

Histoire de la conjuration de Maximilien Robespierre. *Paris*, s. d. — Rapport fait au nom de la Commission chargée de l'examen des papiers trouvés chez Robespierre et ses complices, par Courtois. *Paris*, an III.

1942. ROBIQUET (P.). **Le personnel municipal de Paris pendant la Révolution.** Période constitutionnelle. *Paris*, 1880. in-8, br. . . . . net 4 fr. 50

1943. ROCQUES DE MONTGAILLARD (l'abbé). **Revue chronologique de l'Histoire de France.** 1787-1818. *Paris, Didot*, 1820. fort vol. in-8 cart. . . . . net 5 fr.

1944. ROLAND (Mme). **Lettres inédites** adressées aux demoiselles Cannet de 1772 à 1780, publ. par A. Breuil. *Paris, Coquebert*, 1841. 2 vol. in-8, br. . . . . net 6 fr.

1945. — **Lettres en partie inédites**, adressées aux demoiselles Cannet, suivies des lettres de Mme Roland à Bosc, Servan, Lanthenas, Robespierre, etc., avec introduction et notes par Dauban. *Paris, Plon*, 1867. 2 vol. in-8, br. *Epuisé*. . . . . net 12 fr.

1945 *bis*. — **Mémoires**, édition accompagnée de notes et d'appendice; précédée d'une notice biographique et ornée d'un portrait. *Paris*, 1823. 2 vol. in-18, demi-rel. net 6 fr.

1946. — **Œuvres** contenant les mémoires et

notices qu'elle a composés dans sa prison sur sa vie privée, son arrestation, etc. *Paris*, an VIII. 3 vol. in-8, demi-bas. *Portrait* net . . . . 12 fr.

1947. ROULLET. **Notice** historique des évènements qui se sont passés dans l'Administration de l'Opéra la nuit du 13 février 1820. *Paris, Didot, s. d.*, broch., in-8. net 4 fr.

Pièce très rare, donnant d'intéressants détails sur l'assassinat et les derniers moments du duc de Berry.

1948. ROUSSELIN. **Vie** de Lazare Hoche, général des armées de la République. *Paris, Desene*, an VI. 2 vol. in-8, demi-rel. *Portrait*. . . . . net 12 fr.

1949. **Procès-verbal** des séances et délibérations de l'Assemblée générale des électeurs de Paris, réunis à l'Hôtel de Ville le 14 juillet 1789, rédigé depuis le 26 avril jusqu'au 21 mai 1789 par Bailly et Duveyrier. *Paris, Baudouin*, 1790. 3 vol. in-8, demi-rel. *Port. et fig. ajoutés*. . . . . . net 10 fr.

1950. SAINT-ALBIN (de). **Championnet** ou les campagnes de Hollande, de Rome et de Naples. *Paris, Poulet-Malassis*, 1860. in-12, br. *Port. Epuisé*. . . . . net 4 fr.

Le même, cart. . . . . net 5 fr.

1951. SAINT-JUST. **Rapport** sur la conjuration ourdie depuis plusieurs années par les factions criminelles et contre Fabre-d'Eglantine, Danton, Philippeaux, Lacroix et Camille Desmoulins, an II, — Rapport sur les factions de l'étranger et sur la conjuration ourdie par elles dans la République française, pour détruire le gouvernement, an II. 2 pièces in-8, br . . . . net 4 fr.

1952, — **Rapports**. 2 pièces in-8, cart. net. . . . . 5 fr.

Rapport et décrets relatifs aux personnes incarcérées du 8 ventôse an II. — Rapport sur les factions de l'étranger et sur la conjuration ourdie par elles dans la République, an II.

1953. SAINT-VICTOR. **Tableau** historique et pittoresque de Paris depuis les Gaulois jusqu'à nos jours. *Paris*, 1822, 4 tomes en 8 vol. in-8, br . . . . net 14 fr.

1954. SALLIER (Guy-Marie). **Annales** françaises depuis le commencement du règne de Louis XVI jusqu'aux Etats généraux, 1774 à 1789, *Paris, Leriche*, 1813, in 8, d.-rel. net . . . . 3 fr. 50

1955. SARRUT et SAINT-EDME. **Notice** p. s. à la biographie de M. le Maréchal de Bourmont. *Caen, Pagny*, 1816, gr. in-8, cart. n. rog. *Port* . . . . net 5 fr.

1956. SCHMIDT (Adolphe). **Paris** pendant la Révolution, d'après les rapports de la police secrète, 1789-1800, trad. par P. Violet. *Paris*, 1880, 2 vol. in-8, br. . . . . . . net 7 fr.

1957. **Sciences** et Arts. 8 pièces en 1 vol. in-8, demi-rel. v., dos orné. . . . net 7 fr.

Essai sur les antiquités du Nord et les anciennes langues septentrionales par Pougens, 1799. — Notice sur l'agriculture des Celtes et des Gaulois, 1806. — Pétition à l'Assemblée nationale pour demander le rétablissement de l'emploi de conservateur du cabinet des médailles et antiques de la bibliothèque nationale, par Raould Rochette, 1849. —Le tableau des sabines, par David, an VII. — Lettre à Champolion-Figeac sur l'Institut et ses dépenses, Suard, Hédouin, Beaumarchais, le marquis de Paroy et Bonaparte, le tout mêlé de détails de mœurs, de documents et d'anecdotes, par F. Grille. 1847. — De la liberté de la presse à Lyon au commencement du XVIIe siècle, par G. Peignot. — Molière et les registres de l'état civil, étude par Moulins, 1878. — 2 complaintes sur la mort de la marquise de Brinvilliers, par Tricot, 1869. — Notice historique sur Sébastien Bourdon, par Poitevin, *Montpellier*, 1811. fig.

1958. SEGUR. **Histoire** des principaux événements du règne de Guillaume II et tableau de l'Europe, depuis 1776 jusqu'en 1786. *Paris, Buisson*, an IX, 3 vol. in-8, br. *Port*. net . . . . 5 fr.

1958*bis*. — **Mémoires** ou souvenirs et anecdotes. *Paris*, 1826, 3 vol. in-8, demi-reliure net . . . . 10 fr.

1959. SEINGUERLET. **Strasbourg** pendant la Révolution. *Paris*, 1881, in-8, br. net. . . . . 3 fr. 50

1960. SERVAN et GRIMOARD. **Tableau** historique de la guerre de la Révolution de France, depuis son commencement en 1792 jusqu'à la fin de 1794, précédé d'une introduction générale contenant l'exposé des moyens défensifs et offensifs sur les frontières du royaume en 1792, et des recherches sur la force de l'armée française depuis Henri IV, jusqu'à la fin de 1806. *Paris*, 1808, 3 vol. in-4, br. *Cartes* . . . . 20 fr.

1961. **La Sibylle** au tombeau de Louis XVI. orné d'une gravure par Mlle Le Normand. *Paris*, 1816. In-8, dérelié. . . . net 3 fr. 50.

1962. **La Société** des Amis de la Constitution de Strasbourg, à toutes les Sociétés des Amis de la Constitution de l'Empire, 1792, 24 pages pet. in-8, cart. . . . . . net 4 fr.

1963. **Sommes-nous libres** ou ne le sommes-nous pas, si nous sommes libres, nous pouvons parler, si nous ne sommes pas libres, il faut le devenir. *Paris, s. d.* in-8, cart., n. rog. . . . . 3 fr. 50.

1964. SOREL (Albert). **L'Europe** et la Révolution française. La chute de la Royauté. 1 vol. *Paris, Plon*. 1885-1887. in 8. br. net 4 fr.

1965. STÆHLING (Ch). **Histoire** contemporaine de Strasbourg et de l'Alsace. 2me partie 1853-1872. *Nancy, Berger-Levrault*, 1887, in-8, br. . . . . net 3 fr. 50.

1966. **STRASBOURG**. **31 pièces** en 1 vol. in-12, d.-rel. v., dos orné. . . . . .net 18 fr.

Séance extraordinaire de l'Assemblée des autorités de Strasbourg convoquée par les citoyens Milhaud et Guyardin — Opinion de M. Thomassin sur les revenus de la commune 1791 — Appel de la commune à la République et à la Convention — Le Conseil général de la commune de Strasbourg à ses concitoyens — L'Administration municipale à ses concitoyens — Délibération du Conseil général du 13 messidor an III — Délibération de la commune du 27 prairial an IV — Délibération de l'Administration municipale de la commune du 25 germinal an IV — Délibération du corps municipal du 2 brumaire an IV — L'Administion municipale à ses concitoyens — Délibération du corps municipal sur l'emploi de la police — Délibération sur une nouvelle dénomination des rues — Le maire de Strasbourg à ses concitoyens — Délibération de l'administration du Bas-Rhin du 22 brumaire an V — Arrêté du maire du 25 octobre 1815 — Règlement de service de la Garde nationale strasbourgeoise — Les administrateurs de la commune à leurs concitoyens — L'officier municipal administrateur de la police à ses concitoyens — Procès-verbal de la séance du Conseil général de la commune de Strasbourg du 8 juillet 1789 — Extrait des délibérations du Comité de la Garde nationale strasbourgeoise du 7 février 1790 — Extrait du registre des délibérations du Conseil général de Brest — Procès-verbal de l'Assemblée générale des autorités de Strabourg du 27e jour de l'an II — Délibération du corps municipal de Strasbourg du 28 prairial an II — Décret de la Convention qui enjoint à tout propriétaire de faire afficher à l'extérieur de leurs maisons les noms, prénoms, âge et professions de tous les individus dans leurs maisons — Discours de Noisselle et Champy du 23 juin 1792 — Réponse à Mad. . sur diverses questions relatives aux feuilles publiques de Strasbourg — Rapport de Victor Broglie sur les troubles occasionnés dans le Haut et Bas-Rhin par les ecclésiastiques et autres particuliers et notamment M. de Rohan.

1967. TAILLANDIER. **Documents** biographiques sur Daunou. *Paris, Didot*, 1847. In-8, cart. n. rogné . . . . net 7 fr.

On a ajouté à cet exemplaire une lettre aut. s. et datée 6 décembre 1839.

1968. TALMA. **Réponse** au mémoire de la Comédie-Française. *Paris, Garnéri*, an II. In-8, demi-rel. v. . . . . net 3 fr. 50.

A la fin du volume, curieuse correspondance entre Mirabeau et Talma.

1969. TARGET. **Les Etats généraux** convoqués par Louis XVI. S. l., 1788 — Suite de de l'écrit intitulé : les Etats généraux. S. l., 1788 — Observations de Target sur le procès de Louis XVI. *S. l. n. d. avec correction autographe de Target*. En 1 vol. in-8, d.-rel. veau . . . . net. 12 fr.

Exemplaire auquel on a ajouté 1 portrait et une curieuse note autographe de Villenave sur Target.

1970. THÉATRE. **Le Club** des bonnes gens ou la réconciliation, comédie en 2 actes, paroles et airs du Cousin Jacques. *Marseille*, 5° année de la République, in-8, cart., *entièrement n. rog.*, ... net 4 fr. 50.

1971. **Théâtre.** 5 pièces en 1 vol. gr. in-8, cart. n. rog . . . . net 4 fr.

L'homme du siècle, événements historiques en 4 actes et en 15 tableaux précédés du 13 vendémiaire, par Prosper. — Les aristocrates, comédie par Etienne Arago, 1847 — La montagne qui accouche, vaudeville par Varin et A. de Beauplan, 1849. — Camille Desmoulins ou les partis en 1794, drame historique par Blanchard et Malliau, 1831 - - Le Perruquier de l'Empereur, par Dupetit et Maillau, 1841.

1972. **Théâtre.** 9 pièces en 1 vol. in-8, demi-rel. v. dos orné . . . . net 7 fr.

Les soupirs des Jacobins, comédie en vers par A. Charlemagne, an III. — Le progrès des arts dans la république, poëme par Cubières, an V. — Les mœurs ou le divorce, comédie par Piojaul-Lebrun, an III. — Le mariage de Nanon ou la suite de Mme Angot, comédie par Maillot, an VII. — Cadet-Roussel aux Champs-Elysées, par Ande, an IX — Forioso à Bourges ou l'amant funambule, par Bonnelles et Villiers. an IX. — Eloges de Louis XII, roi de France, par Florian, 1785 — Catalogue des lyres de feu J.-S. de la Harpe, *Paris*, 1803. — Anecdotes curieuses et intéressantes arrivées dans différentes villes de France pendant la Révolution, par F. D. 1814.

1973. **Théâtre.** 6 pièces en 1 vol. in-12. dem. v. dos orné. . . . . .net 5 fr

Les projets de divorce. comédie en 1 acte et en vers, par Dubois de L*, 1809 — L'heureuse nouvelle ou le premier arrivé, par Cotenel, 1817. — Le Divorce, comédie en 2 actes en vers, par Demoustier, an III — La mort d'Hercule, tragédie en 5 actes et en vers par Lafont. *Libourne* s. d. — Le couvent ou les vœux forcés, drame en 3 actes par Mme de Gouges. 1792.

1974. **Théâtre.** 9 pièces en 1 vol. in-8, dem. rel. v. dos orné. . . . . net 5 fr.

La pauvre femme. comédie en prose, par Marsollier. A *Avignon* an IV — La même, 4ᵉ édition, *Paris*, an V — Il faut un Etat, ou la revue de l'an VI. par Léger, Chazet et Buhan, an VII. — Dame Censure ou la corruptrice. tragi-comédie en prose. — Le repentir de Madame Angot, ou le mariage de Nicolas, comédie folie. par Maillot, an IX. — Le lever de Baville, drame héroïque, par Le Franc de Pont-Pignan. — *A. Rome, s. d.* — Le double divorce ou le bienfait de la loi, comédie en vers, par Portveau, an III - Piron avec ses amis, comédie par Deschamps, an II — Le souper des Jacobins, comédie en vers, par Charlemagne. an V. — Au retour, fait historique et patriotique, par Radet et Desfontaine, 1793. *Taches.*

1975. **Théâtre.** 8 pièces en 1 vol. in-8, demi-rel, v. dos orné . . . . . . net 6 fr.

Les victimes cloîtrées, drame, par Mouvel, 1762 — Le petit Sacristain. comédie. — Le moine, comédie en 5 actes par Camaille Aubin et Ribier, musique de Froment. ballet de Beaupré, décors de Guingré, *Paris*. an VI — Les rigueurs du cloître, comédie par Fiévée. 1793. — Le dernier couvent de France ou l'hospice. par Corsange et Hapdé, 1796 — Arabelle et Vascos ou les Jacobins de Goa, drame par Lebrun-Tossa, an III. La manie des trônes ou les rois et les reines de contrebande. par I. V. (du Midi), 1816. — La folie de Georges ou l'ouverture du Parlement d'Angleterre, par Lebrun-Tossa. an II.

1976. **Théâtre.** 10 pièces en 1 vol. in-8, demi-rel. v. dos orné. . . . . . . net 7 fr.

Le mariage de Scarron. comédie. par Barré-Radet et Desfontaines. 1797. — Les sauvages de la Floride, ballet pantomime par Henry. musique de Darodeau, décors de Mathès et Desroche. 1797. — Jean Lafontaine. comédie par Dieu — La Foi et Prévost, d'Irai, 1806. — Le Maire ou le pouvoir de la loi. comédie par Laus de Boissy, an II. — Le canonnier convalescent. fait historique, par Radet, 1793. — L'amant loup-garrou ou M. Rodomont, pièce comique. par Collot-d'Herbois, 1778. — Le procès de Socrate ou le régime des anciens temps, comédie par Collot (ci-devant d'Herbois), 1771. — Encore un curé. fait historique par Radet et Desfontaines, an II. — Cauge commissionnaire de Lazare. fait historique, an III. — Le siège de Lille ou Cécile et Julien, comédie par Joigny, an II.

1977. **Théâtre.** 8 pièces en 1 vol. in-8, veau, net. . . . . 5 fr.

Gustave, tragédie, par Piron, 1773. — Mahomet second tragédie par Delanoue, 1772. — Gaston et Bayard, tragédie, par de Bellois, 1773. — Cosroës, tragédie, par Lefebvre, 1768. — Les Guèbres ou la tolérance, par D. M. *Genève*, 1769. — Sophonisme, tragédie de Mairet, réparée à neuf, 1770. — Le vindicatif, drame, 1774. — Lucie ou les parents imprudents, drame par Collot-d'Herbois, 1777.

1978. **Théâtre.** 6 pièces en 1 vol. in-8, dem. rel. v., dos orné . . . . net 7 fr.

L'esclavage des noirs ou l'heureux naufrage, drame, par Mme de Gouges. 1792. — La réunion du 10 août ou l'inauguration de la République française sans-culotide dramatique, par Bouquier et Moline, an II — Les crimes de la noblesse ou le régime féodal, pièce en 5 actes, par la citoyenne Villeneuve. *Barba*, an II. — Plus de bâtards en France, comédie en prose, par la cit. Villeneuve, an III. — Wenzel ou le magistrat du Peuple, opéra, par Pillet, an II. — Les deux prisonniers ou la fameuse journée, drame historique dédié à Latude, par J. Martin 1792.

1979. **Théâtre.** 4 pièces en 1 vol. in-12, demi-rel. v., dos orné. . . . . . . net 4 fr.

Le club des Jacobins ou l'amour de la Patrie, comédie par de Kotzebue, trad. par la chanoinesse de Polier, 1792. — La mort de Louis XVI, tragédie suivie de son testament, 1793. — L'ami du Peuple ou les Intrigants démasqués, comédie, par Camaille S. Aubin, s. d. — La Gironde et la Montagne, drame, par Marc le Prévost, 1848.

1980. **Théâtre.** 7 pièces en 1 vol. in-8, demi-r. v., dos orné . . . . net 8 fr.

Les femmes, comédie. par Demoustier. Paris, an III. — Les amis à l'épreuve, comédie, par Pieyre. *Paris*, 1788. — Le devoir et la nature. drame, par Pelletier Volméranges, *Paris*, an VII. — Jean Racine avec ses enfants, comédie, par Jacquelin. *Paris*, an VII. — Les aveugles mendiants, partie et revanche, vaudeville, par A. Léger. *Paris*. 1802 — L'adultère, drame en trois actes, par Chalumeau, 1791, le 9 thermidor. — La mort de Robespierre, drame, par Bonnias, *Paris*, 1831.

1981. **Théâtre.** 12 pièces en 1 vol. in 8, cart. . . . . net 7 fr.

Arlequin Pygmalion ou la bague enchantée. parade en 1 acte par Decion. *Paris*, an II, *rare*. — Le maréchal-ferrant de la ville d'Anvers, pièce anecdotique par Maurice S***, an VII. — Les hasards de la guerre, comédie par Maurice S***. — La Parisienne à Madrid, comédie par Maurice S***, 1805. — Arlequin journaliste, comédie-vaudeville par le C. R***, an V. — La Sorcière, comédie-vaudeville par le C. R***, an VIII. — Sterne à Paris ou le voyageur sentimental, comédie par Révoil et Forbach, an VIII. — Marmontel, comédie par Tournay, A. Bouffé et Vieillard, 1802. — Urbain et Joséphine, vaudeville par Raboleau. 1803. — La Métempsychose, comédie par S. Bourguignon, 1805. — Ortense ou l'Ecole des inconstants, vaudeville par de St-Félix et de Montherot, 1806.

1982. **Théâtre.** 5 pièces en 1 vol. in-8, cart. . . . . net 5 fr.

Catherine ou la belle fermière, comédie par J. Candeille *Paris*, 1793. — Les Visitandines, comédie par Picard. *Paris*, 1792. — L'intrigue épistolaire, comédie par Fabre. d'Eglantine. *Paris*, 1792. — L'heureuse décade, divertissement patriotique en 1 acte par Barré, Léger et Rosières. *Paris*, s. d. — La girouette de Saint-Cloud, impromptu mêlé de vaudevilles par Barré, Radet, Desfontaines, etc. *Paris*, an VIII.

1983. **Théâtre.** 6 pièces en 1 vol. in-8, demi-rel. . . . . net 5 fr.

L'Ecole tragique ou Cadet-Roussel maître de déclamation, comédie ou non mêlée de quelques scènes de la princesse de Poitou, par Aude, 1802. — Cadet-Roussel misanthrope et Manon repréSentante, folie en 1 acte, 1802. — Cadet-Roussel barbier à la fontaine des Innocents, folie par Aude, 1802. — Cadet-Roussel aux Champs-Elysées, vaudeville par Aude, 1801. — Cadet-Roussel maître d'école à Chaillot, comédie par Sidonie, 1805.

1984. The Spectator (by Addison). *London, Touson, s. d.* 7 vol. in-12, veau fauve. *Figures d'Hayman* . . . . . . net 10 fr.

1985. THIBAUDEAU. **Mémoires** sur la Convention et le Directoire. *Paris, Ponthieu*, 1827. 2 vol. in-8, br. . . . . net 8 fr.

1986. THEINER. **Histoire des deux** Concordats de la République française et de la République cisalpine. *Bar-le-Duc* et *Paris*, 1869, in-8, demi-rel. chag. . . . . net 4 fr. 50

Première partie : Concordat de 1801.

1987. TIBULLE. **Elégies,** suivies des baisers de Jean Second, traduction nouvelle, adressée du Donjon de Vincennes, par Mirabeau l'aîné, à Sophie Ruffey, avec 14 figures. *Tours* et *Paris*, an III, 2 vol. in-8, cart. n. rog. . . . . net 20 fr.

Portraits de Mirabeau et de Sophie par Borel, gravé par Elluin, et 12 fig., dont 11 par Borel, grav. par Elluin et 1 de Sophie par Marillier, gravé par Dupréel.

1988. TOURNEUX (Maurice). **Bibliographie de l'histoire de Paris pendant la Révolution française.** *Paris*, 1890-94, tomes I et II, 2 vol. gr. in-8, br. . . . . net 14 fr.

1989. TUETEY (A.). **L'Assistance publique à Paris pendant la Révolution. Les hôpitaux et les hospices, 1789-1791. — Les ateliers de charité et de filature, 1789-1791.** *Paris, Imprimerie Nationale*, 1895, 2 vol. gr. in-8, cart. . . . . net 16 fr.

1990. **Le Vatican ou la mort du général Duphot, tragédie en 5 actes.** *Paris*, an VI, in-8, cart. . . . . net 3 fr. 50

1991. VERMOND (l'abbé de). **La cour plénière.** *A Baville et se trouve à Paris*, 1788, 1re et 2e édit., en 1 vol. in-8, demi-rel. v. dos orné, *joli portrait de Bergasse*. net 5 fr.

1992. **Vie de M. Cormeaux, curé en Bretagne et zélé missionnaire, décapité à Paris en 1794.** *Paris*, 1796, in-12, cart. n. rog. net . . . . 3 fr. 50

1993. **La vie de Frédéric baron de Trenck, écrite par lui-même, trad. par le baron de B***.** *Metz*, 1788, in-18, d.-rel. *Figure* net . . . . 3 fr. 50

1994. **Vie privée de l'abbé Maury, écrite sur ses mémoires.** *S. l. n. d.* 28 pages, in-8, cart . . . . net 5 fr.

Satire curieuse écrite par Hébert (le père Duchesne).

1995. **Vie privée de Louis XV ou principaux événements, particularités et anecdotes de son** règne (par Laffrey). *Londres*, 1784, 4 vol. in-12, demi-rel . . . . net 6 fr.

1996. **Vie scandaleuse et dévote de Charles X, depuis sa naissance jusqu'à son embarquement à Cherbourg.** *Paris*, 1830, in-18, cart. *Figures*. . . . . net 3 fr.

1997. VIEL-CASTEL (Cte H de). **Marie-Antoinette et la Révolution française, suivies des instructions morales remises par Marie-Thérèse à Marie-Antoinette, en 1770.** *Paris, Techener*, 1859, in-12, demi-rel. . net 4 fr.

1998. **Le vieux Cordelier, journal rédigé par Camille Desmoulins.** nos 1 à 6, manque le 7e, en 1 vol. in-8, *cartonnage du temps* net . . . . 12 fr.

Très rare.
Dans le même vol. Lettre de C. Desmoulins au général Dillon détenu aux Madelonettes. *Paris*, 1793.

1999. VILLENEUVE. **L'Anarchie et le Comité de salut public.** *Paris*, 1885, in-12, br. net. . . . . 2 fr.

2000. VILLIERS (Pierre). **Petites rapsodies.** *Paris*, 1804. — Le Chiffonnier. *Paris*, s. d. Ensemble 2 vol. in-18, cart. et br. net 4 fr.

2001. VOLNEY. **Considérations sur la guerre actuelle des Turcs.** *Londres*, 1788. in-8, cart., net. . . . . 6 fr.

Exempl. à toutes marges.

2002. VOLNEY. **Simplification des langues orientales.** *Paris*, an III, in-8, broché, net. . . . . 4 fr.

2003. VOLNEY. **Tableau du climat et du sol des Etats-Unis d'Amérique.** *Paris*, 1803. 2 vol. in-8, bas. . . . . net 6 fr.

2004. WELSCHINGER (Henri). **Le maréchal Ney, 1815.** *Paris, Plon*, 1893, in-8, br. *Portrait*. . . . . net 4 fr.

PLAQUETTES et VOLUMES

Chaque. . . . . Net. **3** fr.

Ceux pour lesquels l'état n'est pas indiqué sont cartonnés

2005. **Acte constitutionnel, précédé de la déclaration des droits de l'homme et du citoyen, du 24 juin 1793.** — Constitution de la R. F. *Chaumont*, an IV. — Constitution française. Extrait des registres du Sénat conservateur, séance du 6 avril 1814. — Proclamation du roi. — Nouvelle charte constitutionnelle, adoptée dans la séance du 7 août 1830, etc., 7 pièces en 1 vol. in-8.

2006. **Aux Français** catholiques, amis de la paix et de l'unité. *A Vitry-sur-Marne*, s. d., in-8.

2007. CADRAN (le) **des Etats généraux**, in-8, S. l. n. d.)

2008. **Cathéchisme** (le) du genre humain dénoncé par le ci-devant évêque de Clermont, 1792. Adresse à la nation française. Peuple, voici ta Constitution. S. l. n. d., in-8, cart.

2009. **Convention** entre le Gouvernement français et Pie VII, échangée le 23 fructidor an IX, in-8.

2010. **Des assassinats** et des vols politiques ou des proscriptions et des confiscations, par G.-T. Raynal. *Londres*, 1795. in-8.

2011. **DESCHAMPS. La Revanche** forcée, comédie en 1 acte. *Paris* et *Bruxelles*, 1792, in-8.

2012. **Discours** de la Lanterne aux Parisiens. *En France l'an premier de la Liberté*, in-8.

2013. **Duc** de Berry, 2 pièces réunies, in-8.

Aux Français. — Détail authentique de l'assassinat du duc de Berry.

2014. **Frappez** mais écoutez. *Paris*, an V, in-8, dérel.

2015. **Histoire** du siège du Palais par le capitaine d'Agout à la tête de six compagnies des Gardes-Françaises et deux compagnies des Gardes-Suisses, sous les ordres du maréchal de Biron (*S. l. n. d.*) in-8.

2016. **Les Aristocrates** démasqués. S. l. 1790, in-8.

2017. **Le Moniteur** supprimé ou le double Moniteur du 20 juin 1814. (Ce Moniteur est en deux colonnes au lieu de trois. L'une contient les proclamations des coalisés; l'autre présente en regard les pièces de la négociation), in-8.

NAPOLÉON

2038. ABRANTÈS (Duchesse d'). **Souvenirs** d'une ambassade et d'un séjour en Espagne et en Portugal, de 1808 à 1811. *Bruxelles*, 1838, 2 vol. in-8. br. . . . . net 4 fr.

2039. BARTHELEMY et MERY. **Napoléon** en Egypte, poème en huit chants. *Paris, Dupont*, 1828. in-8, br.

Edition originale avec la couverture. net. . . . . 5 fr.

2040. BARNI (J.). **Napoléon et son historien** M. Thiers. *Paris, Alcan*, in-12, br. *Epuisé.* net . . . . 2 fr. 50

2041. **Bonapartiana** ou recueil choisi d'anecdotes, bons mots, pensées et réflexions de Napoléon, etc., par Cousin d'Avalon. *Paris*, 1820, in-18. demi-rel. n. rog. *Port.* net 4 fr.

2042. CAPEFIGUE. **Les Cent jours.** *Bruxelles*, 1841, 2 tomes en 1 vol. in-8, demi-rel. . . . . net 4 fr.

2043. **Campagnes d'Egypte et de Syrie 1798-1799.** Mémoires p. s. à l'histoire de Napoléon, dictés par lui-même à Sainte-Hélène et publiés par le général Bertrand. *Paris*. 1847, 2 vol. in-8. demi-rel. et atlas in-fol. . . .net 25 fr.

2044. CARBONARI (Société des). **Statuts** des B. C. C. de la vente succursale de la Serre, adopté par le Conseil dans la réunion du 3 février 1822 Vente du bois des Rufiques, manuscrit de 48 feuillets in-8, en 1 vol. cart. net . . . . 12 fr.

2045. CARÊME (A.). **Le Maître** d'hôtel français ou parallèle de la cuisine ancienne et moderne, considérée sous le rapport de l'ordonnance des menus, selon les quatre saisons. *Paris, Didot*, 1823, 2 vol. in-8, cart. net. . . . . 12 fr.

Intéressants renseignements sur les mets et la composition des menus pendant l'Empire et la Restauration.

2046. **Conquêtes des Français** en Egypte, avec une nouvelle carte des citoyens Montelle et Chanlaire. Paris, an VII, in-8, demi-rel. v. net . . . . 3 fr. 50

2047. CHARRAS (lieutenant-colonel). **Histoire** de la guerre de 1814. *Paris, Le Chevalier*, 1870, in-8, br. *Cartes.* Epuisé net . . . . 12 fr.

2048. DELBARE. **Histoire des deux** Chambres de Buonaparte depuis le 3 juin jusqu'au 7 juillet 1815, contenant le détail de leurs séances précédée de la liste des pairs et des députés. *Paris*, 1815. in-8, br. . . net 2 fr.

2049. **Examen** de la campagne de Buonaparte en Italie, en 1796 et 1797, par un témoin oculaire. *Paris*, 1814, in-8, br. . . net 5 fr.

2050. FAIN (baron). Manuscrit de l'an III (1794-1795). *Paris, Dupont*, 1828, in-8, demi-rel. net . . . . 5 fr.

2051. **Manuscrit** de 1812. *Paris, Delaunay*, 1827, 2 vol. in-8, demi-rel. net **10** fr.

2052. **Manuscrit** de mil huit cent treize, p. s. à l'histoire de Napoléon. *Paris, Delaunay*, 1824, 2 vol. in-8, demi-rel. *Rare.* net . . . . net **10** fr.

2053. **Manuscrit** de mil huit cent quatorze, contenant l'histoire des six derniers mois du règne de Napoléon. *Paris*, 1830, in-8, demi-rel. . . . . net 5 fr.

2054. FLEURY de CHABOULON. **Mémoires** p. s. à l'histoire de la vie privée, du retour et du règne de Napoléon en 1815. *Paris*, 1822, 2 vol in-8, br. . . . . net 6 fr.

Le titre du tome Ier manque.

2055. GALLI. **L'Allemagne** en 1813. Préface de P. Déroulède. *Paris, Garnier*, 1889, in-8, cart. . . . . net 3 fr. 50

2056. GÉRARD (Général). **Quelques documents** sur la bataille de Waterloo, propres à éclairer la question portée devant le public par le marquis de Grouchy. *Paris*. 1829. — Dernières observations sur les opérations de l'aile droite de l'armée française à la bataille de Waterloo. *Paris*, 1830. En 1 vol. in-8, cart. *Plan.* . . . . net 6 fr.

2057. GOURGAUD (Général). **La campagne** de 1815 ou relation des opérations militaires qui ont eu lieu en France et en Belgique pendant les Cent jours. *Londres*, 1818, in-8, demi-rel. . . . . net 7 fr.

2058. GOURGAUD (Général). **Napoléon et la** Grande Armée en Russie ou examen critique de l'ouvrage de M. le comte de Ségur. *Paris, Bossange*, 1825, in-8, bas. . . . net 4 fr.

2059. **Histoire** des Sociétés secrètes de l'armée et des conspirations militaires qui ont eu pour objet la destruction du Gouvernement de Bonaparte. *Paris, Gide*, 1815, in-8, demi-rel. n. rog. . . . . net 4 fr.

2060. **Histoire** du cabinet des Tuileries, depuis le 20 mars 1815 et de la conspiration qui a ramené Bonaparte en France (Attribué à J. Lingay). *Paris*, 1815, in-8, br. net . . . . 3 fr. 50

2061. JOMINI (Général). **Vie** politique et militaire de Napoléon, racontée par lui-même, au tribunal de César, d'Alexandre et de Frédéric. *Paris, Anselin*, 1827, 4 vol., atlas portatif pour l'intelligence des relations des dernières guerres publiées sans plans notamment pour la vie de Napoléon. Ens. 4 vol in 8. br. et 1 atlas. . . . . net 20 fr.

2062. LABAUME. **Relation** complète de la campagne de Russie en 1812. *Paris* et *Londres*, 1816, in-8, br. . . . . net 5 fr.

2063. LAS CASES (Comte de). **Le Mémorial** de Sainte-Hélène suivi de Napoléon dans l'exil par O'Meara. *Paris, Desrez*, 1836, 2 vol. gr. in-8, demi-rel. veau bleu n. rog., gravures. net . . . . 15 fr.

2064. IUNG (Th.). **Lucien Bonaparte** et ses mémoires, 1775-1840. *Paris, Charpentier*, 1882, 3 vol. in-8, br. . . . . net 9 fr.

2065. LAS CASES. **Mémorial** de Sainte-Hélène, suivi de Napoléon dans l'Exil, par O Meara et Antomarchi et de l'historique de la translation des restes de Napoléon aux Invalides. *Paris, Bourdin*, 1842, 2 vol. gr. in-8, demi-rel, dos orné. . . . net 35 fr.

Edition illustrée par Charlet de 500 vignettes dans le texte et de 29 grands sujets tirés à part gravés sur bois et imprimés sur chine.

Le même ouvrage, 2 vol. gr. in-8, demi-rel. . . . . net 26 fr.

2066. LAS CASES. **Pièces** officielles du

prisonnier de Sainte-Hélène. Premier mémoire. *Bruxelles*, 1818, in-8, demi-rel. chag. vert. . . . . net 5 fr.

Très rare, contenant de curieux détails sur la vie intime et les dépenses de Napoléon à Sainte Hélène.

2067. LAURENT DE L'ARDECHE. **Histoire** de l'Empereur Napoléon, illustrée par Horace Vernet. *Paris, Dubochet*, 1840, 1 vol. gr. in-8, chagrin, dos et plats ornés, dent. intérieures, tr. marb. . . . . . . net 25 fr.

Bien qu'elle soit datée de 1840, cette édition contient 802 pages comme le premier tirage.

2068. **Légende** napoléonnienne. Recueil de 50 images d'Epinal exécutées vers 1840 de 84 × 43 parmi lesquelles on remarque le portrait des maréchaux et généraux, l'Empereur à la bataille de Waterloo, les batailles de la Moskowa, de Wagram, de Lutzen, d'Iéna, d'Essling, de Rivoli, d'Austerlitz, le pont d'Arcole, etc., etc. . . . . net 20 fr

2069. LURINE (Louis). **Histoire** de Napoléon, racontée aux enfants petits et grands, illustrée de 80 dessins de Markl, gravés par Brugnot. *Paris, Kugelmann*, 1844, pet. in-8, demi-rel., amateur. . . . net 15 fr.

Très bel exemplaire d'un ouvrage rare.

2070. MARCO DE SAINT HILAIRE. **Mémoires** d'un page de la Cour impériale, 1804-1815. *Paris*, 1848, in-8, demi-rel. *Figures*. net. . . . . 6 fr.

2071. **Mémoires** d'une contemporaine ou souvenirs d'une femme sur les principaux personnages de la République, du Consulat et de l'Empire (par Ida Saint Elme). *Paris, Ladvocat*, 1828, 8 vol. in-8, br. *Très rare*. net. . . . . 30 fr.

Le même, 8 vol. in-8, bas . . . net 35 fr.

2072. **Mémoires** du maréchal duc de Raguse, de 1792 à 1832, imprimés sur le manuscrit original de l'auteur. *Paris, Perrotin*, 1857, 9 vol. in-8, demi-rel. *Portraits et fac-similés* . . . . net 60 fr.

2073. **Mémoires** secrets sur Napoléon Buonaparte, écrits par un homme qui ne l'a pas quitté depuis quinze ans (par Ch. Doris). *Paris, Mathiot*, 1814, 2 tomes en 1 vol. in-12, veau *Beau portrait de Napoléon* net 4 fr.

2074. **Mémoires** secrets sur Napoléon Buonaparte, par le baron de B. *Paris*, 1817, 2 vol. in-12, br . . . . net 5 fr.

2075. MOREAU DE JONNES. **Aventures** de guerre au temps de la République et du Consulat. *Paris, Pagnerre*, 1858, 2 tomes en 1 vol in-8, demi-rel. . . . . . . net. 7 fr.

2076. NAPOLEON. *Correspondance suivie des œuvres de Napoléon à Sainte-Hélène*, publiée par ordre de l'empereur Napoléon III, 32 forts volumes, in 8 brochés. Au lieu de 192 fr. . . . . net 45 fr.

Cet ouvrage, monument considérable, contient environ 22.000 lettres importantes, soit au point de vue administratif, soit au point de vue militaire.

2077. NAPOLEON. Œuvres de Napoléon Bonaparte. *Paris, Panckoucke*, 1821, 5 vol. in-8, demi rel. *Bel exemplaire*. net 15 fr.

2078. NAPOLEON inconnu. Papiers inédits, 1786-1793, 2 forts vol. in-8, brochés, publiés par F. Masson et G. Biagi et accompagnés de notes sur la jeunesse de Napoléon, 1763-1793. Au lieu de 15 fr. . . . . net 6 fr.

2079. NAYLIES. **Mémoires** sur la guerre d'Espagne pendant les années 1808. 1809, 1810, 1811. *Paris*, 1817, in-8, demi-rel. net . . . . 6 fr.

2080. NODIER (Charles). **Souvenirs**, épisodes et portraits p. s. à l'histoire de la Révolution et de l'Empire. *Paris, Levavasseur*, 1831, 2 vol. in-8, demi-rel. veau, br. *Edition originale* . . . . net 12 fr.

2081. NORVINS. **Histoire** de Napoléon, splendide édition ornée d'une quantité de dessins par Raffet et Charlet, 1 fort volume gr. in-8, broché de 775 pages de texte. *Paris*, 1868. Au lieu de 15 francs. . . net 4 fr.

Excellente occasion d'un ouvrage très estimé.

2082. O'MEARA. **Napoléon en exil ou l'écho** de Sainte-Hélène. *Paris*, 1822. 2 vol. in-8, veau. . . . . net 10 fr.

2083. PICHOT (Amédée). **Napoléon** à l'île d'Elbe, chronique des événements de 1814 et 1815, d'après le journal du colonel sir Neil Campbell, le journal d'un détenu, etc. *Paris*, 1873, in 8, br. *Fig. Epuisé*. . . net 7 fr.

2084. **Portugal**, Espagne et Sardaigne. 12 pièces en 1 vol. in-8, br.. . . net 7 fr.

Aperçu des révolutions survenues dans le gouvernement d'Espagne de 1808 à 1814. — De l'Espagne et de la liberté, par l'agranel 1820. — Adresses des généraux Riego, Banos et Arco Aguero aux Cortès et au roi d'Espagne sur la dissolution de l'armée d'observation, 1820. — Traduction de la proclamation adressée aux braves soldats hongrois par l'armée d'Italie composée d'hommes libres. — Documents historiques sur les affaires d'Espagne. — Relation exacte de la révolution piémontaise. — Adresse des Piémontais au roi de Sardaigne, 1829 — Cinq jours de l'histoire de Naples par le général Colletta. 1820.- Récit des événements qui ont eu lieu dans le royaume de Naples du 2 au 6 juillet 1820. -- Manifeste du Gouvernement des Deux-Siciles en réponse à la déclaration de la cour de Vienne, 1821. — Documents historiques sur les derniers événements arrivés en Sicile.

2085. **Pour l'anniversaire** du 18 brumaire de l'an VIII, par le citoyen Massa, cisalpin. *Milan*, an X. 6 pages in-fol. dans un étui. net 3 fr. 50

2086. **Poussou de la Rosière**. Imprécation contre Napoléon, ode latine avec la traduction en regard, broch. in-8. . . net 3 fr. 50

2087. **La première** et la seconde année du consulat de Bonaparte, *Paris, s. d.* in-8 basane. net 10 fr.

Très rare.

2088. ROVIGO (Duc de). **Mémoires** p. s. à l'histoire de l'Empereur Napoléon. *Paris, Bossange*, 1828. 8 vol. in-8, demi-rel. net . . . . 40 fr.

2089. **Réception** de S. M. l'Impératrice-reine Marie-Louise d'Autriche à Strasbourg, 1810. 10 pages in-4. *Rare*. . net 3 fr. 50

2090. REGNAULT (Elias). **Histoire** de Napoléon. *Paris, Perrotin et Pagnerre*, 1846. 4 vol. in-12, br. *Figures d'après Raffet et de Rudder. Edition épuisée*. net 10 fr.

2091. REGNAULT DE WARIN. **Cinq** mois de l'histoire de France ou fin de la vie politique de Napoléon. *Paris*, 1815, in-8, bas., net. . . . . 5 fr.

2092. **Reine Hortense** (La) en Italie, en France et en Angleterre pendant l'année 1831, fragments extraits de ses mémoires inédits. *Paris, Levavasseur*, 1834, in-8, cart., net. . . . . 5 fr.

2093. **Sainte-Hélène**, 4 vues, in-folio. net . . . . 10 fr.

Vue de Sainte-Hélène et de James-Town. — Vue de la Rade. — Cascade de Briars. — Vue de Longwood.

2094. **Saint Ignace et Napoléon**, dialogue philosophique, par Galloix. *Paris*, 1826, in-8, demi-rel. . . . . net 2 fr. 50

2095. SÉGUR (Général de). **Histoire de Napoléon et de la Grande-Armée** pendant l'année 1812. *Paris*, 1825, 2 vol. in-8, demi-rel. *Cartes*. net. . . . . 8 fr.

2096. **Vie historique et impartiale de Napoléon Bonaparte**, ex-empereur des Français, par J. M. G. *Paris, Vauquelin*, 1814, in-18, br. *Rare* . . . . net 3 fr. 50

2096 bis. TOUCHARD-LAFOSSE. **Chroniques des Tuileries et du Luxembourg.** Physiologie des cours modernes. *Paris*, 1850. 6 vol. in-8 demi-rel. net. . . . . 12 fr.

PLAQUETTES

Chaque. . . . . Net. **3** fr.

Celles dont l'état n'est pas indiqué sont cartonnées.

2097. **Décret impérial** relatif aux cérémonies publiques, préséances, honneurs civils et militaires au Palais de Saint-Cloud, le 24 messidor an XII. *Metz*, 1811, in-12.

2098. **Feuille du jour.** Histoire de Napoléon Bonaparte, suivie de sa vente après ses mauvaises affaires, sa confession générale, sa complainte de quatre-vingt-treize couplets très vrais et piquants; et sa mort civile, in-8, cart.

2099. **La lanterne magique de la rue Impériale.** — Hymme à la vierge d'août. Ensemble in-8.

2100. LAURENT. **Histoire de Napoléon.** *Paris*, 1827, in-18, br. *Portrait.*

2101. **La vérité** sur le général Damrémont, in-8.

2102. **Lettre** d'Antoine de Barruel de Beauvert au premier consul. *Paris*, 1803, in-8.

2103. **Observations** sur l'oraison funèbre de M. le duc de Feltre, publiée par Beaupoil St-Aulaire, par Tabarié. *Paris*, 1819.

2104. **Panorama** de la bataille de la Moskova, par Ch. Langlois, in-12, *Carte*.

2105. **Plaidoyer** et réplique de M. l'avocat Parquin pour le commandant Parquin, son frère. Cour d'assises du Bas-Rhin, 15 et 17 janvier 1837. *Strasbourg*, 1837.

2106. **Poëme lyrique** sur la mort de Napoléon, par P. Lebrun. *Paris*, 1822.

2107. **Supplément** à l'ouvrage intitulé : de Buonaparte et des Bourbons, par M. de Chateaubriand. *Paris*, 1814.

BONNE OCCASION

Contes de Lafontaine

Édition des **Fermiers généraux**. Amsterdam (Paris, Barbou), 1762.

2 volumes petit in-8, reliés maroquin rouge, dos orné, 3 filets sur les plats, dentelles intérieures, tranches dorées *Très bel exemplaire, dans sa première reliure ancienne très fraiche et bien conservée*. Net . . . . **600** fr.

Parmi les livres illustrés du XVIIIme siècle, cette édition des *Contes de Lafontaine, dite des Fermiers généraux*, parce qu'ils en firent les frais, est celle dont l'ensemble est le plus beau et le plus agréable.

Splendide édition ornée des portraits de Lafontaine d'après Rigaud, gravé par Ficquet, et de Choffard en cul-de lampe fait par lui-même, *80 figures par Eisen*, gravées par Aliamet, Baquoy, Choffard, Delafosse, Flipart, Lemire, Leveau, de Longueil et Ouvrier; 4 vignettes et 53 culs-de-lampe par Choffard. Les figures du Cas de Conscience et du Diable de Papefiguière sont découvertes.

Cet exemplaire contient en outre pour le tome I, une double épreuve du portrait de Lafontaine d'après Rigaud, et 9 figures refusées pour les contes suivants : Le Cocu battu et content Le Savetier. La Servante justifiée. Le Calendrier des vieillards. A femme avare galant escroc. On ne s'avise jamais de tout. La Clochette. Sœur Jeanne. La coupe enchantée. Pour le tome II, le portrait de Lafontaine dessiné par Rigault et gravé par D'Elvaux et 3 figures refusées pour l'Oraison de St-Julien. Le Cas de conscience. Le Tableau.

LES

AFFICHES ÉTRANGÈRES ILLUSTRÉES

Par *Bauwens, T. Hayashi, La Forgue, Meier-Graefe, J. Pennell.*

Ouvrage orné de 62 lithographies en couleurs et de 150 reproductions en noir et en couleurs d'après les affiches originales des meilleurs artistes.

Un fort volume gr. in-8, broché, couverture illustrée. Net. . . . . **54** fr.

Par suite d'affaires spéciales nous pouvons encore fournir à notre clientèle cet ouvrage au prix de souscription qui a depuis été porté à 75 francs.

Silhouettes Parisiennes

Etudes et croquis à l'eau-forte de Robert Kiss.

Première et deuxième série, 2 Albums de 24 planches. Chaque série, 15 fr. Net. . **13** fr.

La première série en couleurs. 1 Album, 20 fr. Net. . . . . **15** fr.

FANTAISIES PARISIENNES

Etudes et croquis à l'eau-forte de Robert Kiss.

13 planches réunies en 1 Album, 7 fr. 50. Net. . . . . **6** fr. **50**

PARIS. — IMP. FERD. IMBERT, 7, RUE DES CANETTES.

www.ingramcontent.com/pod-product-compliance
Lightning Source LLC
LaVergne TN
LVHW052013160826
845678LV00003B/1034

* 9 7 8 2 3 2 9 6 4 3 6 3 2 *